유아교사를 위한

음악 레슨

Piano & Ukulele의 만남

권종애 · 김신영

창지사

PROLOGUE

이미 스스로 유능한 어린이들!
그들의 매력적인 교사로서의 삶을 꿈꾸는 이들의 앎으로의 여정 속에서

음학(音學)이 아닌
음악에 다가가서
음악을 받아들이고
음악과 어우러지며
음악은 또 하나의 언어!
음악이라는 사람과 사람의 이야기(어린이와 교사와의)를
피아노와의 만남으로 그리고 우쿨렐레와의 만남으로
시작합니다.

★

어린이 삶터에서는…
일상이…
그들만의 이야기가 담긴 새로운 음악으로 재탄생합니다.

"얘들아… 우리반에 무지개가 찾아왔어…!"
무지개에 대한 그리움, 그리움이 시가 되고, 시가 노래가 된다. 함께함의 위력으로…!

기존의 성인들이 만들어 놓은 음악의 의도와는 다르게 음악의 의미를 부여하여 재해석하는 어린이들… 성장해 가며 그들만의 음악을 찾기 시작하는 어린이들… 그래서 교사는 음악에 민감해져야 합니다.

어린이는 누구지?

"어린이는 강요하지 않아도 들어 주는 사람이 있다면 스스로 정말 멋진 이야기를 시작해요…"

어떤 존재지?

"무지개 가족이 놀러 왔네…"

무지개가 어느새 친구가 되고, 상상의 이야기를 펼치기 시작합니다.

어린이가 어떻게 음악으로 표현하지?

우리는 음악의 Title에 얽매여 단어의 노예가 되어서는 안 됩니다.

어린이의 입장에서 생각하며 음악과 어린이를 연결 지을 수 있어야 합니다,

이 음악이 왜, 그때 어린이에게 제공되어야 하는지를…. 동의하시나요?

이렇게 어린이와 함께 살아가는 이들을 위한 음악 레슨으로의 여행을 함께 떠나요.

★★

이미 스스로 유능한 어린이들과 아름다운 음악으로의 여행을 떠나기 위해 그들 곁에 서 있는 성인들이 준비해야 할 일 중에 악기 다루는 일이 있습니다. 또 하나의 의사소통 도구가 되어 주는 피아노…? 기타…? 젬배…? 오카리나…? 드럼…? 우쿨렐레…? 수많은 멋진 타악기들…?

그런데, "얼마나… 익숙하게… 다룰 수 있어야 어린이의 음악세계로 동행할 수 있을까요?", "어떤 악기로 시작하면 좋을까요?" 등을 함께 고민하려 합니다. 함께할 이번 우리 여행의 지침서에는 피아노와의 만남 그리고 우쿨렐레와의 만남을 소개합니다.

I Love Piano. 피아노와의 만남

피아노에 다가가기

반주 방법에 대한 이론과 실제

I Love Music. 음악과의 만남

음악 기초 이론, 아티큘레이션, 음계,

화음과 화성, 코드 등을 알아가기

I Love Ukulele. 우쿨렐레와의 만남

우쿨렐레에 다가가기

다양한 주법의 이론과 실제

★★★

어린이 삶터에서 어린이들과 함께 부르고 싶은 노래들, 그리고 어느새 잊혀져 가지만 다시 꺼내 불러 보고 싶은 노래들을 모아서 아름다운 노래 79곡을 선정하였습니다. 피아노로, 우쿨렐레로, 반주하며, 노래 불러 가며, 익히고 또 익혀 보고 싶습니다. 이렇게 사랑하다 보면 노래들이 내 마음에 넣어질 때가 오겠지요? 그제서야 어린이 앞에 또 하나의 의사소통 도구인 음악을 들고 설 수 있지 않을까요? 그날이 올 때까지 우리 함께 여행해요.

79곡 악보에 있는 코드, 음표, 쉼표, 음악 용어들로 친근하게 음악 이론에 다가갈 수 있어요. 노래 앞에서, 첫 만남의 설렘으로 노랫말 속에 어떠한 것이 그려지는지 생각해 볼까요?

★★★★

피아노는 오랜 시간 정성으로 다가가야 또 하나의 의사소통 도구가 되는 것 같습니다. 반면에 우쿨렐레는 참으로 쉬운 악기면서 또한 어려운 악기인 것 같아요. 자칫 너무나 쉬운 악기여서 연습을 소홀히 하게 되면 또 하나의 의사소통 도구가 되기 어려운 것이지요. 어린이 삶터에서 피아노와 우쿨렐레를 함께 사용할 수 있다면 얼마나 좋을까요? 이 지침서를 통해 사랑하며 또 사랑하며 함께 여행하길 소망합니다. 어린이 삶의 현장에서 그들의 목소리에 귀 기울이며, 말하고 싶은데… 말하지 못하는 것까지 들을 수 있는 매력적인 삶의 동반자로 설 수 있을 때까지…!

★★★★★

긴 긴 시간… 함께 협력하며 마음을 나누어 준 여러분

한평생 피아노와 동행할 수 있도록 길 열어 주셨던 송문숙님 그리고 손도영 은사님
10년 전 우쿨렐레를 운명적으로 만나게 해 주셨던 김윤배 원장님 그리고 황성욱 목사님
첫 발걸음을 함께 내딛어 주신 한규령 교수님 그리고 강은덕 교수님
열정으로 들여다보며 마지막까지 힘을 모아 준 박선애, 소정아, 이인선 선생님
책으로 만들어 주신 창지사 김기섭 사장님, 어진용 상무님, 이지혜 선생님
그리고… 한평생 믿어 주고 기다려 주는 가족들에게
머리 숙여 존경과 감사를 드립니다.

2015년 2월 아름다운 날에
저자 일동

CONTENTS

chapter 02 음악과의 만남 _ 139

chapter 03 우쿨렐레와의 만남 _ 165

▶▶우쿨렐레 반주의 실제

▶C장조

▶F장조

▶G장조

chapter 01

피아노와의 만남

I Love Piano!

나의 꿈과 비전

모든 노래에서, 첫만남의 설렘으로, 이 노랫말과 연상하여 무엇이 그려지나요?
지금 여기에서 내 삶의 일부분이 될 수 있기를….

(내 마음의 정서는…?)

이제… 나만의 매력적인 노래로!

1. 피아노

1) 피아노

피아노는 피아노포르테의 약칭으로 유건, 타현악기의 일종이다.

오늘날 사용되고 있는 모든 피아노의 음역은 'A'에서 'C'까지의 7 1/4옥타브이며, 88건이 표준으로 평균율로 조율되어 있다. 피아노는 해머(망치)로 쳐서 소리를 내는 악기로, 소리가 아름답고 음량이 풍부하며 여운이 길어 셈여림의 변화를 조절하기 쉽기 때문에 대중적이며 가정용으로 이상적인 악기로 알려져 있다.

2) 피아노의 기원

피아노는 그랜드피아노와 업라이트피아노로 분류하고 있으며, 아주 소형에서부터 그랜드피아노와 같은 대형까지 여러 가지 크기의 피아노가 쳄발로의 원형에서 유래된 것이다. 1709년 이탈리아 쳄발로 제작자인 바르톨로메오 크리스토포리가 쳄발로의 몸체를 이용하여 'piano e forte'라고 이름 지었고 지금의 피아노 형태를 만들어 피아노의 발명가로 불리고 있다.

현대에 와서는 그랜드피아노와 업라이트피아노뿐만 아니라 전자피아노, 디지털피아노, 키보드, 신디사이저 등을 통해 피아노의 느낌을 경험하고 연주할 수 있도록 되어 있다.

음악과 리듬은 영혼의 비밀 장소로 파고든다

—Plato, The Republic / 플라톤 <國家論>

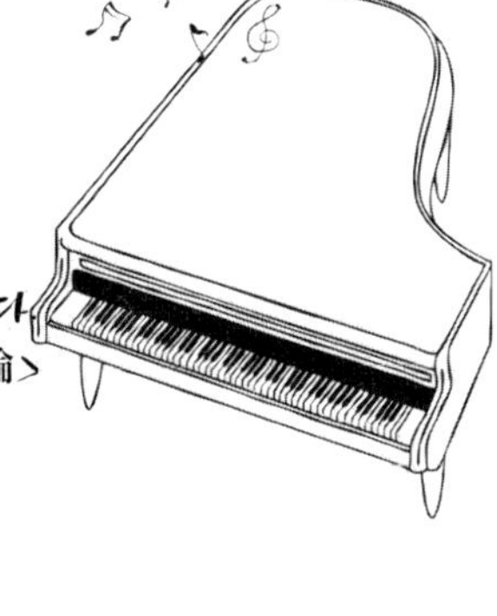

2. 피아노를 배우려면

1) 피아노 연주 시 자세

모든 악기들을 올바로 연주하기 위해서는 올바른 몸의 자세와 손가락과 같은 근력의 유연한 움직임을 필요로 하므로 피아노를 처음 배우고자 하는 예비교사들은 피아노를 올바로 치기 위해서 갖추어야 할 안정된 자세부터 배워야 한다.

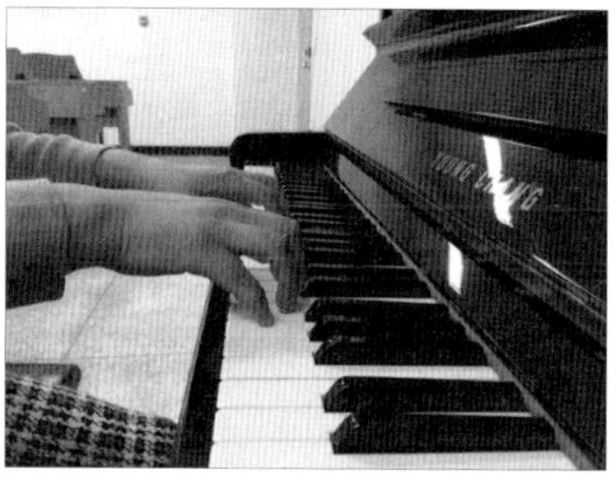

모델: 권종애

2) 피아노 페달 사용 방법

피아노 페달은 예민한 운동신경과 섬세한 기술로써 적절히 조절된다면 상당한 음악적 효과를 낼 수 있는 피아노의 부수적 장치이다.

현대의 피아노에는 세 개의 페달이 있는데 가장 오른쪽 페달을 댐퍼페달(damper pedal), 가운데 페달을 소스테누토페달(sostenuto pedal), 왼쪽 페달을 소프트페달(soft pedal)이라고 부른다. 그중 오른쪽 페달이 피아노 연주에서 가장 빈번하게 사용되며 중요한 역할을 맡고 있다.

피아노의 초보자들은 페달의 주요 기능이 음의 울림을 더욱 신비스럽게 울리게 하며 넓은 음역, 즉 오케스트라와 같은 음의 지속효과를 내고자 할 때에 사용하는 것임을 기억해야 하며, 화성에 박력을 주며 음의 지속 효과, 관현악과 같은 음향이 가능하게 해줄 수 있으며, 보다 은은하고 황홀하며 환상적인 음향의 표출을 가능하게 한다는 것과 섬세하며 부드러운 빛깔의 미묘한 음의 변화가 가능한 페달의 기능을 충분히 알고 사용하여야 한다.

3) 피아노 반주 방법

유아교육기관에서 교사는 반주자의 역할을 담당하며, 피아노를 곁들여서 새 노래 지도 및 다양한 동요 등을 부른다. 피아노 반주로 노래를 부르면 노래를 통해 유아들과 즐겁고 재미있는 분위기를 이끌어 음악의 즐거움을 느낄 수 있는 좋은 기회가 되기도 한다.

노래를 반주하기 위해서 피아노 이외에 다른 악기 사용도 가능하나 피아노는 멜로디와 반주를 동시에 할 수 있어서 음악적 효과를 극대화할 수 있고 노랫말의 의미와 악상 등의 표현을 통해 음악의 아름다움과 즐거움을 전달할 수 있다. 피아노 반주는 음감이 불안정하고 불확신한 유아들에게 새로운 노래에 대한 두려움이나 어려움을 극복할 수 있는 기회도 제공한다. 특히 노래에 자신감이 없고 수줍음이나 부끄러움을 잘 타는 유아들에게 흥미를 심어 주어 함께 어울어져 노래를 불러 볼 수 있는 기회도 제공할 수 있다.

그러므로 교사는 유아들이 부를 수 있는 노래를 선정하고 그 노래에 알맞은 반주를 붙이기 위해 악보의 특성을 파악할 수 있는 독보력을 갖추어야 하고 노래의 선율에 맞는 화음이나 코드를 이해할 필요가 있으며, 노래의 분위기에 맞는 반주형을 선택할 수 있는 감각도 갖추어야 한다. 또한 동요 반주를 자유자재로 연주하고 노래 부를 수 있는 기본적인 피아노 연주 기술과 동요 노랫말 등을 많이 알고 있어야 한다.

3. 반 주 법

반주의 형태에서 반주는 화성이나 코드를 넣는 가락이 있는 반주와 가락이 없는 반주, 이 두 가지를 혼합하여 사용하는 혼합반주가 있다.

가락이 있는 반주

유아교육기관에서 교사들이 가장 많이 사용하는 반주 형태로, 음정이 정확하지 않은 유아들에게 음정을 바로잡아 주기 쉽고 오른손으로 멜로디를 치고 왼손으로 박자에 맞추어 화음이나 코드를 넣어 반주하는 것을 말한다.

행진곡형

활기차고 씩씩한 느낌의 곡에 사용한다. 2/4박자 곡에서 주로 사용한다.

악보 1

악보 2

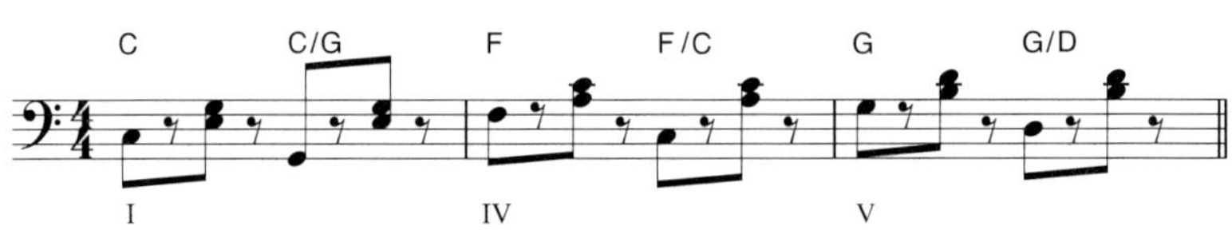

악보 3

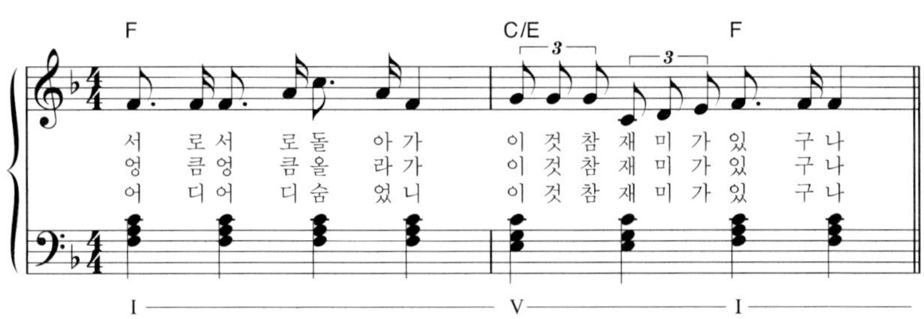

(엄지야 엄지야 곡의 일부분)

〈다장조〉

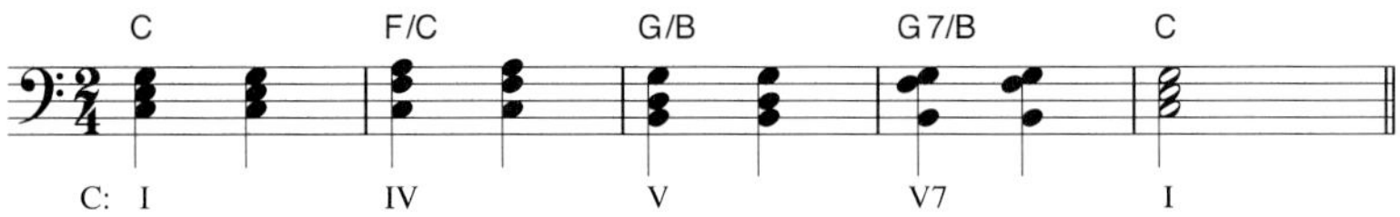

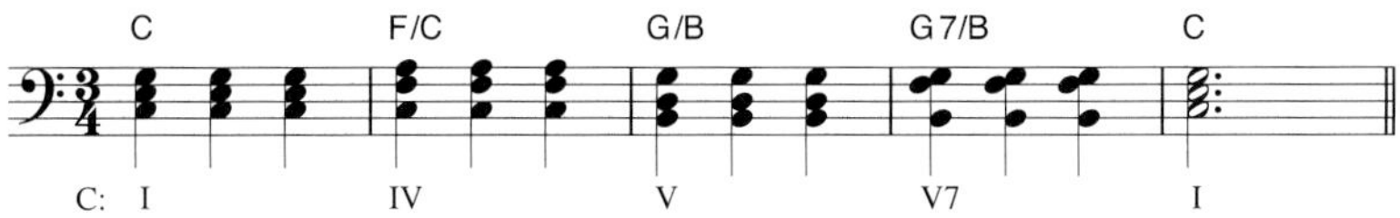

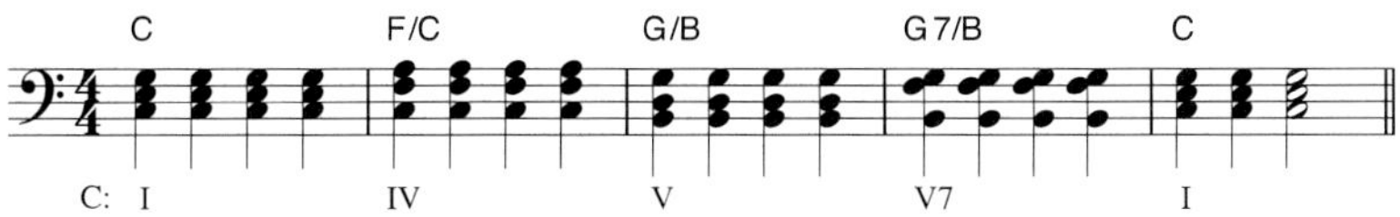

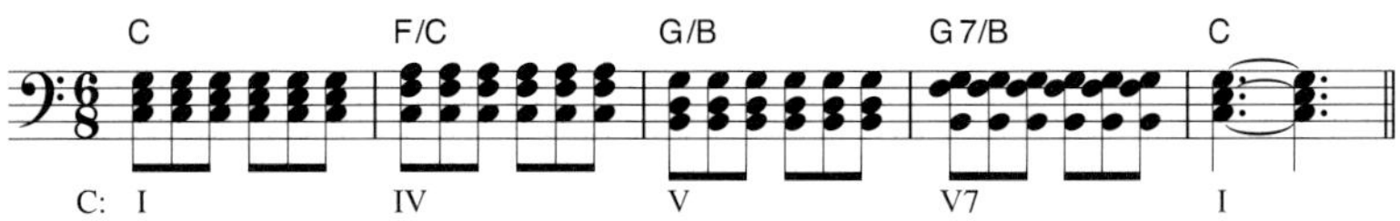

〈바장조〉

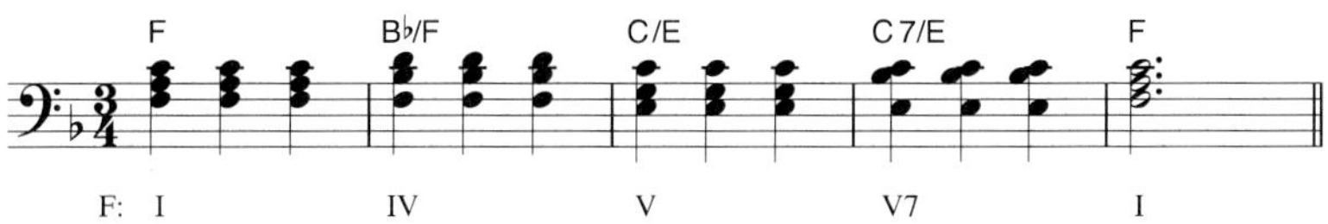

〈사장조〉

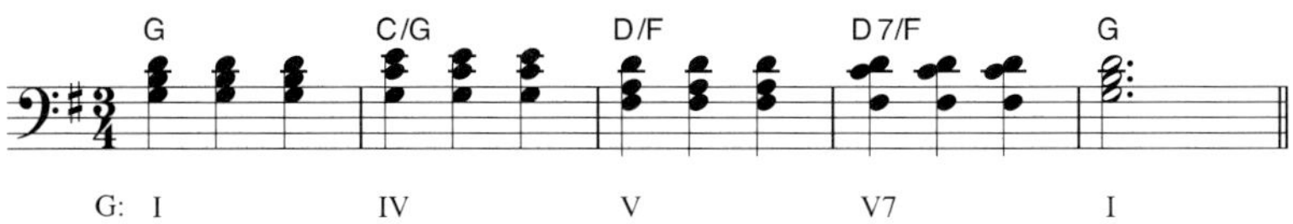

〈라장조〉

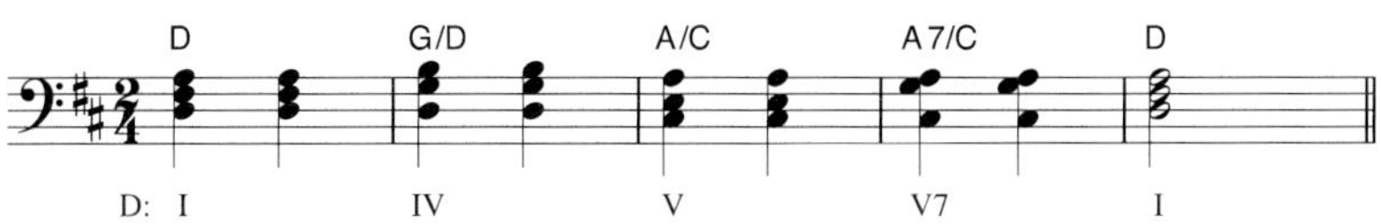

〈내림 나장조〉

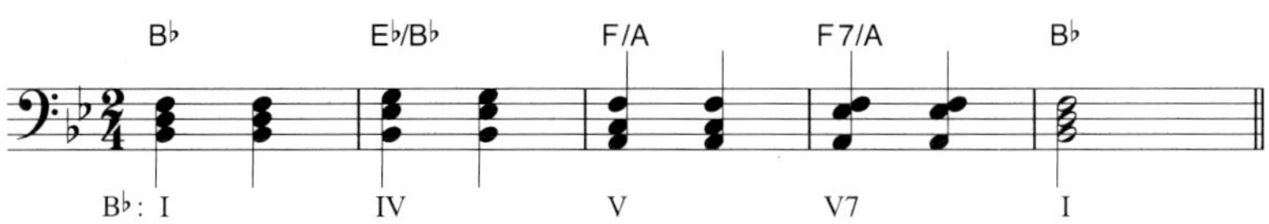

왈츠곡형

3박자 곡에 사용한다. 3/4박자, 6/8박자 곡에 주로 사용한다.

악보 1

악보 2

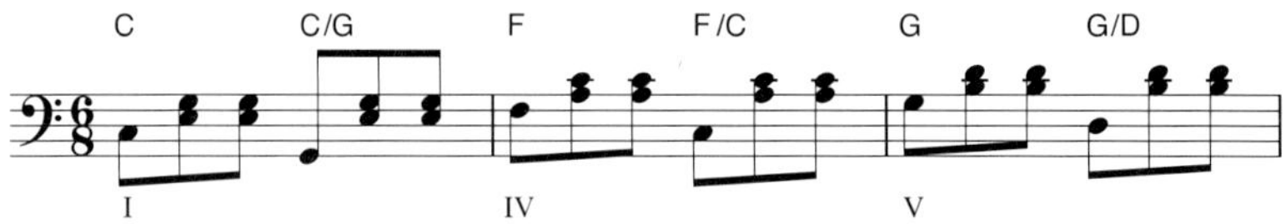

악보 3

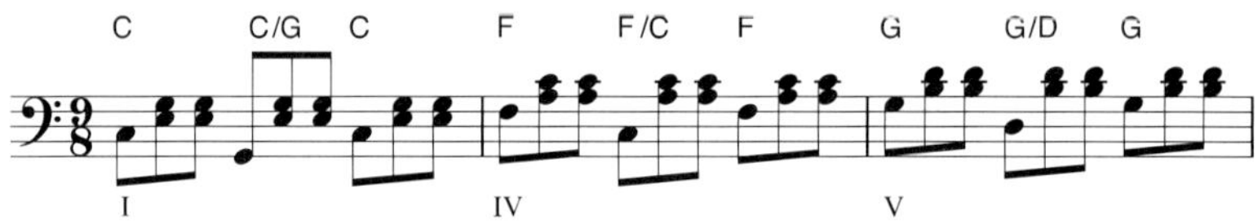

우리나라 꽃

박종오 작사
함이영 작곡

〈다장조〉

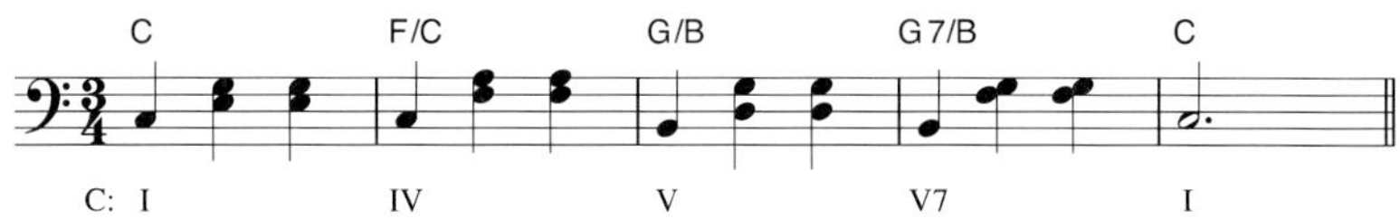
C F/C G/B G7/B C
C: I IV V V7 I

〈바장조〉

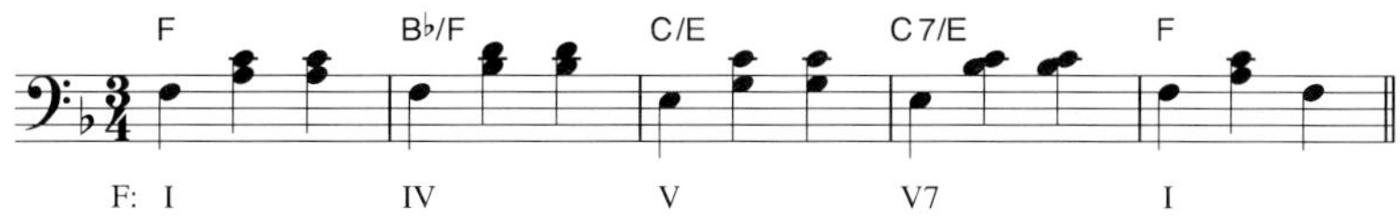
F B♭/F C/E C7/E F
F: I IV V V7 I

〈사장조〉

G C/G D/F D7/F G
G: I IV V V7 I

분산화음형(펼친형)

분산화음 반주형은 행진곡 반주형과 함께 동요곡에서 가장 많이 쓰인다. 곱고 부드럽고 느린 곡에 사용한다. 모든 박자에서 사용할 수 있으나, 주로 3/4박자, 6/8박자 곡에서 사용한다.

〈다장조〉

악보 1

악보 2

악보 3

악보 4

악보 5

악보 6

〈바장조〉

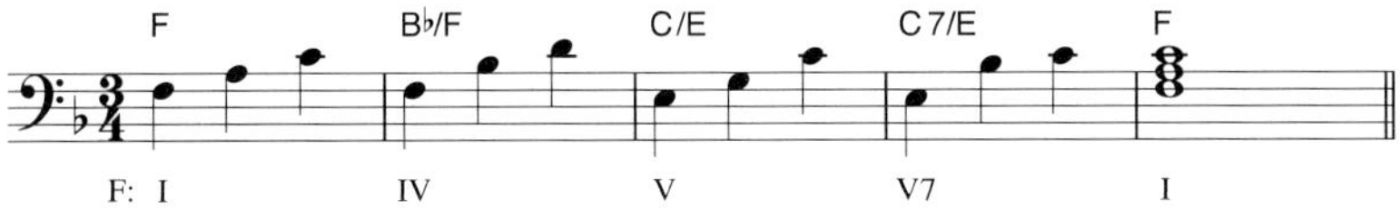

〈사장조〉

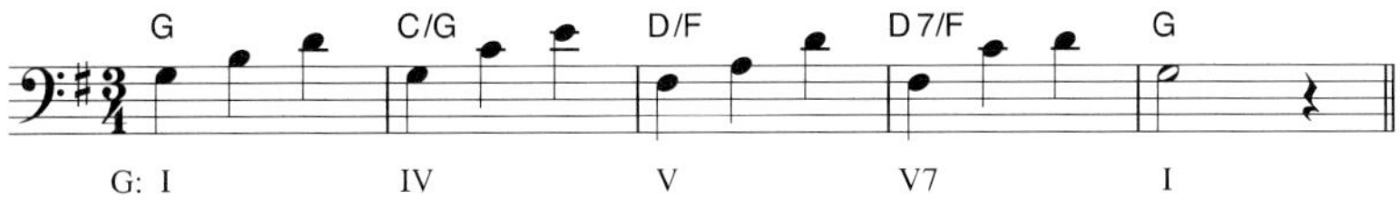

알베르티 베이스형

2박자 곡 중 부드러운 느낌의 곡에 사용한다. 2/4박자, 4/4박자 곡에서 사용한다.

〈다장조〉

악보 1

악보 2

〈바장조〉

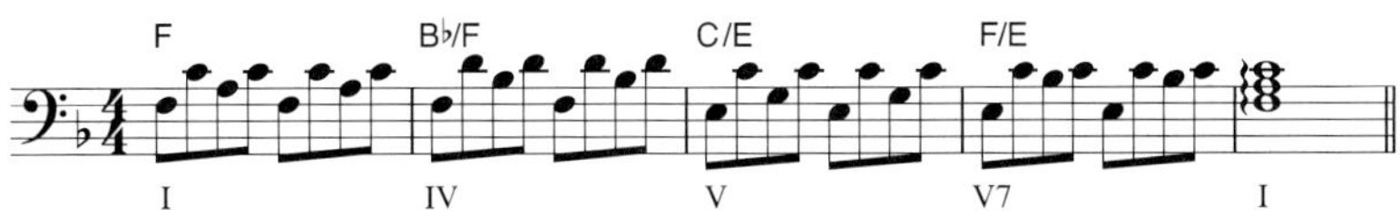

〈사장조〉

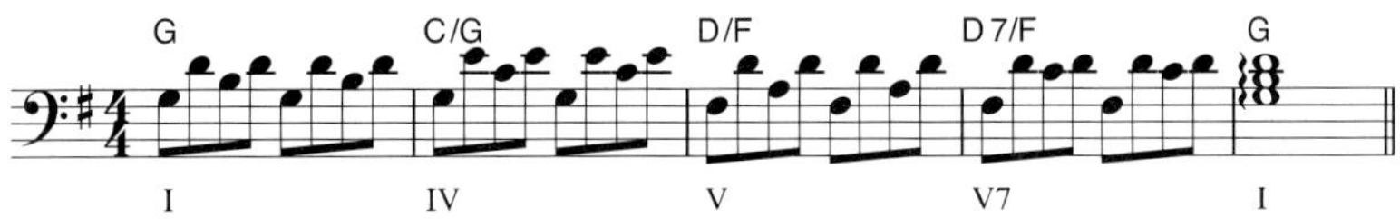

엄 마 아 빠

김성태 작사
김성태 작곡

그 밖의 반주형

악보 1

악보 2

악보 3

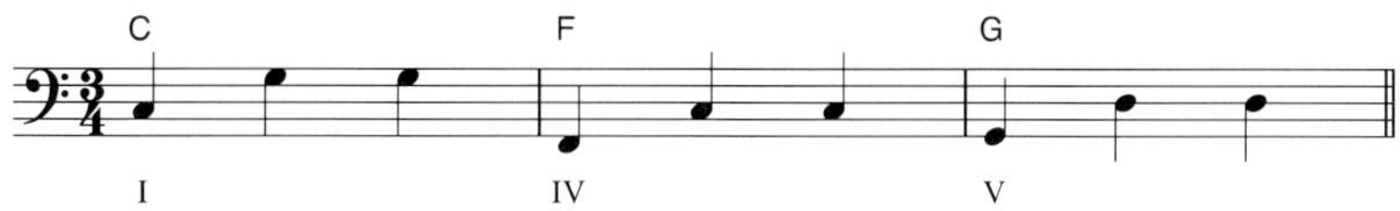

악보 4

악보 5

악보 6

악보 7

악보 8

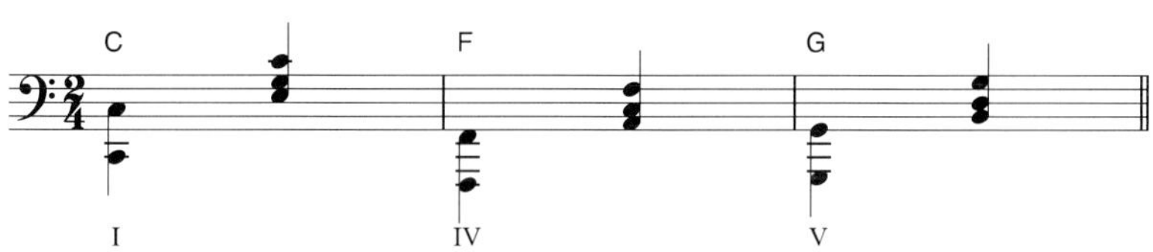

악보 9

가락이 없는 반주

유아교육기관에서 유아들이 노래가 익숙하게 부르게 되면 반주에 선율을 포함시키지 않아도 되므로 반주의 화음이나 코드를 오른손 왼손에 나누어서 리듬처리를 하는 것을 말한다.

가락이 없는 반주는 유아들의 리듬감을 발달시킬 수 있고, 노래를 흥겹게 부를 수 있지만 음정이 확실하지 않은 유아에게는 노래에 흥미를 잃게 하거나 노래의 흐름을 놓치게 할 수 있으므로 주의해야 한다.

또한 이 반주의 Bass음은 모든 박자의 강박에 두고 오른손의 화음이나 코드는 화음과 코드의 원칙을 따른다. 예를 들면, C코드일 경우, '도'음이 강박이 되고, I(1도)화음일 경우에도 '도'음이 강박이 되는 것을 말한다.

혼합반주

유아교육기관에서 8마디 이상 되는 악곡이나 한 곡 안에서 분위기가 달라지는 부분이 있을 경우 그 부분에 적합한 반주형을 바꾸어 사용하면 효과적인 반주형이 된다.

혼합반주를 할 때는 다음과 같은 점에 주의를 기울여야 한다.

반주형은 쉬운 형에서 어려운 형으로, 단순한 형에서 복잡한 형으로, 가락이 있는 반주에서 가락이 없는 반주 형태로 발전해 나가야 하며, 멜로디를 연주해 줌으로써 음정 발달이 늦어진 유아나 충분히 발달하지 못한 유아들의 음정 감각을 도우며, 노래 부르기에 자신감을 불어넣어 준 뒤에 가락이 없는 리듬반주를 하여 유아들의 흥미를 도울 수 있도록 한다. 이렇듯 두 가지 이상의 반주 형태가 한 곡 안에서 사용될 때를 혼합반주라고 한다.

반주를 위한 오른손 준비

- ♯, ♭이 있는지 없는지 몇 개씩 붙어 있는지 조성을 확인한다.

* 사장조 : '파'음을 ♯(반음 올려 준다.)

- 2박자, 3박자, 4박자, 6박자 등 정확한 박자를 확인한다.

$\frac{3}{4}$박자곡

- 허밍이나 노랫말을 보면서 멜로디를 충분히 익힐 수 있도록 한다.
- 복잡한 리듬이나 음형은 따로 충분히 연습한다.
- 노랫말과 리듬이 충분히 익혔으면 노래를 불러 보기도 한다.

반주를 위한 왼손 준비

- 어떤 반주형을 선택할 것인지를 정한다.

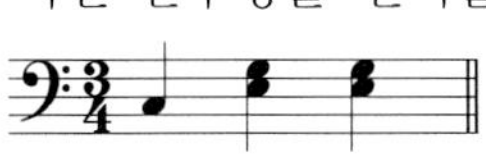

* 왈츠형 반주

- 코드(chord)를 확인하고 사용된 코드(chord)를 직접 연주해 본다.
- 주어진 코드(chord)에 따라 미리 정한 반주형에 따라 연습해 본다.
- 충분히 연습이 되었으면 오른손 멜로디와 합쳐서 양손연습을 한다.
- 양손반주가 자유롭게 되면 노랫말을 정확히 익혀 노래 부르며 연주할 수 있도록 한다.

반주 시 유의사항

- 전주가 제시되어 있지 않은 곡은 곡의 맨 끝 2마디, 또는 4마디를 전주로 사용한다.
  또는 처음 2마디를 시작하고 전주의 마침은 곡의 끝 2마디를 사용하는 방법이 있다.

- 유아의 음역을 고려하여, 멜로디의 음역이 높을 때는 조를 낮추어야 한다.

- 음절이 빠르게 지나갈 때는 리듬이 흐트러지지 않도록 충분히 연습한다.

- 리듬이나 음형이 복잡할 때는 손가락 번호를 적어 연습한다.

- 코드(chord)의 자리바꿈형은 익숙하지 않으므로 충분히 연습하도록 한다.

- 곡을 마칠 때는 끝나는 느낌이 나도록 왼손 코드(chord)를 모아 주어 곡이 끝남을 알 수 있도록 한다.

- 반주할 때는 가사를 충분히 익혀 자유롭게 노래 부르고 즐길 수 있도록 한다.

Piano와의 여정

C장조

▶▶P_1

달팽이집

이 노랫말과 연상하여 무엇이 그려지나요?
지금 여기에서 내 삶의 일부분이 될 수 있기를… (내 마음의 정서는…?)

작사 미상
최병일 작곡

* *D.S.*(달세뇨) : 𝄋(세뇨)로 돌아가서 *Fine*(피네)에서 마친다.

사용된 코드

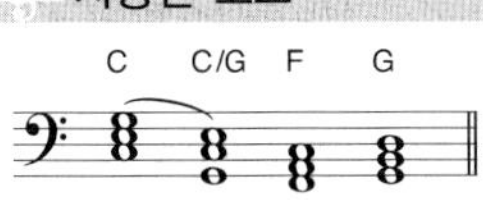

사용된 음표와 쉼표

♪ 8분음표 반박자
♩ 4분음표 1박자
𝅗𝅥 2분음표 2박자

P_2

싹 트네

이 노랫말과 연상하여 무엇이 그려지나요?
지금 여기에서 내 삶의 일부분이 될 수 있기를… (내 마음의 정서는…?)

정정명 작사
전기영 작곡

* 이음줄: 부드럽게 이어서 연주

사용된 코드

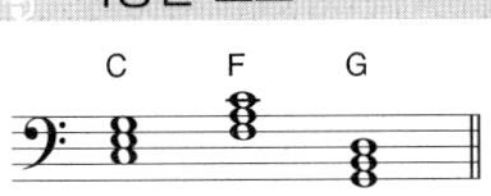

사용된 음표와 쉼표

♪ 8분음표 반박자
♩ 4분음표 1박자
♩. 점4분음표 1박자반
𝅗𝅥. 점2분음표 3박자
𝄽 점4분쉼표 1박자 쉰다

▶▶ P_3

하나님 만드신 나

이 노랫말과 연상하여 무엇이 그려지나요?
지금 여기에서 내 삶의 일부분이 될 수 있기를… (내 마음의 정서는…?)

서광일 작사
서광일 작곡

*붙임줄: 한 음처럼 붙여서 연주

사용된 코드

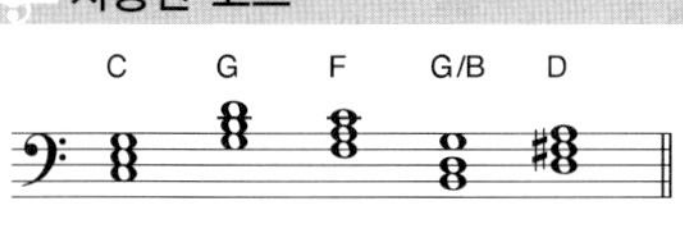

사용된 음표와 쉼표

- 8분음표 반박자
- 4분음표 1박자
- 점4분음표 1박자반
- 점2분음표 3박자
- 8분쉼표 반박자
- 4분쉼표 1박자 쉰다

▶▶P_4

엄마아빠

이 노랫말과 연상하여 무엇이 그려지나요?
지금 여기에서 내 삶의 일부분이 될 수 있기를… (내 마음의 정서는…?)…

박경종 작사
김성태 작곡

사용된 코드

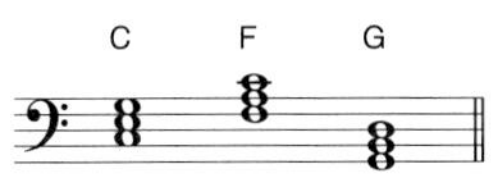

사용된 음표와 쉼표

- 16분음표 반의반박자
- 8분음표 반박자
- 4분음표 1박자
- 점4분음표 1박자반
- 8분쉼표 반박자

다른 반주 형태

▶▶P_5

로 케 트

이 노랫말과 연상하여 무엇이 그려지나요?
지금 여기에서 내 삶의 일부분이 될 수 있기를… (내 마음의 정서는…?)

유경손 작사
유경손 작곡

*붙임줄 : 한 음처럼 붙여서 연주하되 1절처럼 노랫말이 있을 땐 쳐 주어야 한다.
** 이음줄 : 부드럽게 이어서 연주

사용된 코드

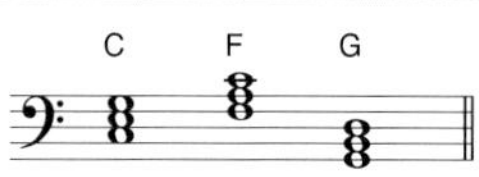

사용된 음표와 쉼표

- 𝅘𝅥𝅯 16분음표 반의반박자
- 𝅘𝅥𝅮. 점8분음표 반박자반
- ♩ 4분음표 1박자
- 𝅗𝅥 2분음표 2박자
- 𝄽 4분쉼표 1박자 쉰다

▶▶P_6

허수아비 아저씨

이 노랫말과 연상하여 무엇이 그려지나요?
지금 여기에서 내 삶의 일부분이 될 수 있기를… (내 마음의 정서는…?)

김규환 작사
김규환 작곡

사용된 코드

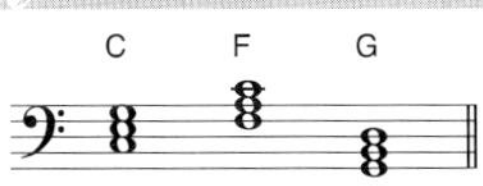

사용된 음표와 쉼표

♪ 8분음표 반박자
♩ 4분음표 1박자
𝅗𝅥 2분음표 2박자
𝄽 4분쉼표 1박자 쉰다

다른 반주 형태

▶▶P_7

유치원에 갑니다

이 노랫말과 연상하여 무엇이 그려지나요?
지금 여기에서 내 삶의 일부분이 될 수 있기를… (내 마음의 정서는…?)

김성균 작사
김성균 작곡

사용된 코드

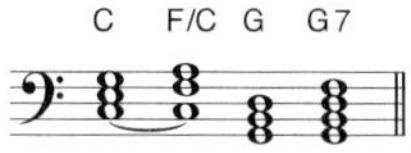

사용된 음표와 쉼표

- ♪ 8분음표 반박자
- ♩ 4분음표 1박자
- ♩. 점4분음표 1박자반
- 𝅗𝅥 2분음표 2박자
- 𝄽 4분쉼표 1박자 쉰다

다른 반주 형태

P_8

눈

이 노랫말과 연상하여 무엇이 그려지나요?
지금 여기에서 내 삶의 일부분이 될 수 있기를… (내 마음의 정서는…?)

이태선 작사
박재훈 작곡

* 이음줄: 부드럽게 이어서 연주

사용된 코드

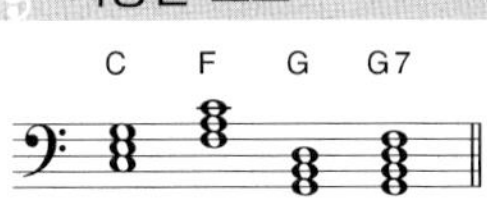

사용된 음표와 쉼표

♪ 8분음표 반박자
♩ 4분음표 1박자
♩. 점4분음표 1박자반
𝅗𝅥 2분음표 2박자
𝄽 4분쉼표 1박자 쉰다

▶▶P_9

어린이 노래

이 노랫말과 연상하여 무엇이 그려지나요?
지금 여기에서 내 삶의 일부분이 될 수 있기를… (내 마음의 정서는…?)

유경손 작사
나운영 작곡

* 이음줄: 부드럽게 이어서 연주
** 붙임줄: 한 음처럼 붙여서 연주

사용된 코드

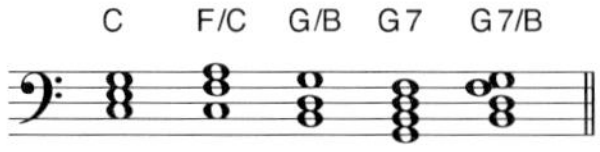

사용된 음표와 쉼표

- 16분음표 반의반박자
- 8분음표 반박자
- 점8분음표 반박자반
- 4분음표 1박자
- 2분음표 2박자
- 점2분음표 3박자
- 4분쉼표 1박자 쉰다

▶▶ P_10

꼬마 눈사람

이 노랫말과 연상하여 무엇이 그려지나요?
지금 여기에서 내 삶의 일부분이 될 수 있기를… (내 마음의 정서는…?)

강소천 작사
한용희 작곡

* 이음줄 : 부드럽게 이어서 연주

사용된 코드

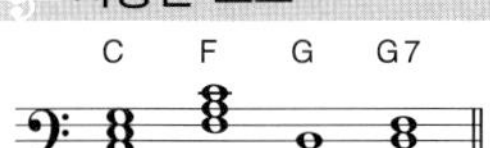

사용된 음표와 쉼표

- ♪ 16분음표 반의반박자
- ♪ 8분음표 반박자
- ♩ 4분음표 1박자
- ♩. 점4분음표 1박자반
- 𝄾 8분쉼표 반박자

다른 반주 형태

▶ P_11

안전 운전

이 노랫말과 연상하여 무엇이 그려지나요?
지금 여기에서 내 삶의 일부분이 될 수 있기를… (내 마음의 정서는…?)

권종애 작사
권종애 작곡

사용된 코드

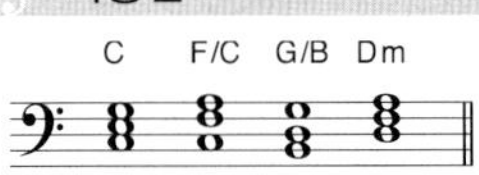

사용된 음표와 쉼표

16분음표 반의반박자
점4분음표 1박자반
점8분음표 반박자반
8분쉼표 반박자 쉰다
4분음표 1박자

▶▶P_12

사과 같은 내 얼굴

이 노랫말과 연상하여 무엇이 그려지나요?
지금 여기에서 내 삶의 일부분이 될 수 있기를… (내 마음의 정서는…?)

김방옥 작사
외국 곡

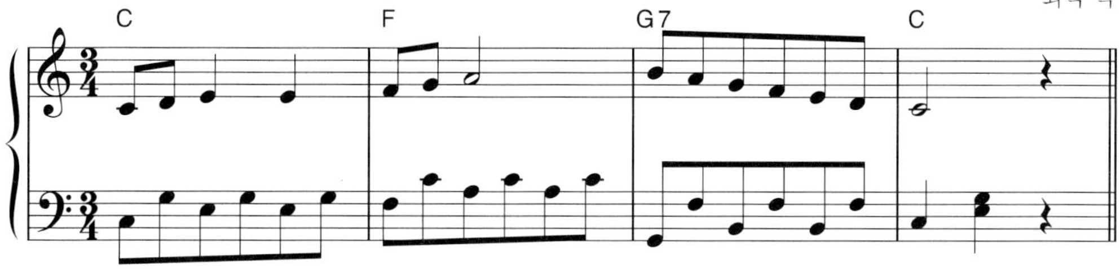

사용된 코드

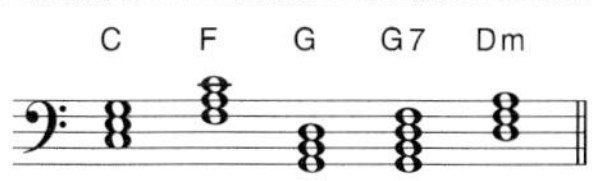

사용된 음표와 쉼표

♪ 8분음표 반박자
♩ 4분음표 1박자
𝅗𝅥 2분음표 2박자

다른 반주 형태

▶▶P_13

우리는 씨를 뿌려요

이 노랫말과 연상하여 무엇이 그려지나요?
지금 여기에서 내 삶의 일부분이 될 수 있기를… (내 마음의 정서는…?)

김진영 작사
김진영 작곡

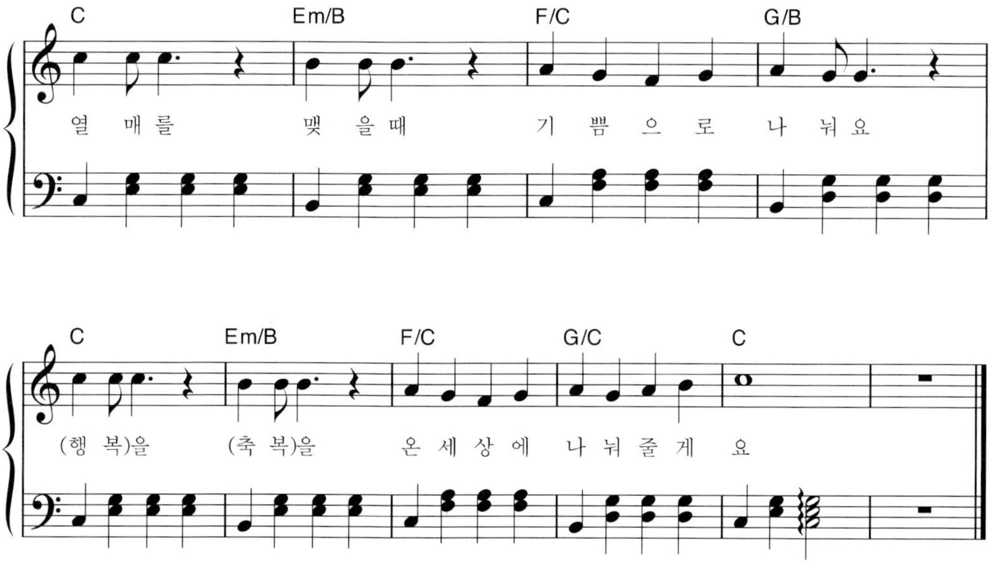

C = 박자표로 4분의 4박자

사용된 코드

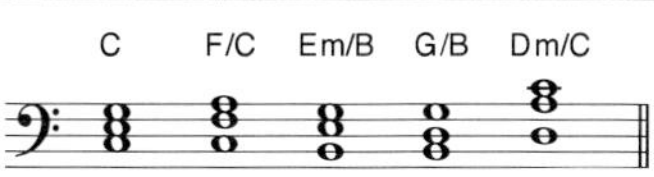

사용된 음표와 쉼표

- ♪ 8분음표 반박자
- ♩ 4분음표 1박자
- ♩. 점4분음표 1박자반
- 𝅗𝅥 2분음표 2박자
- 𝅝 온음표 4박자
- 𝄽 4분쉼표 1박자 쉰다
- 𝄼 2분쉼표 2박자 쉰다
- 𝄻 온쉼표 4박자 쉰다

▶ P_14

동물농장

이 노랫말과 연상하여 무엇이 그려지나요?
지금 여기에서 내 삶의 일부분이 될 수 있기를… (내 마음의 정서는…?)

전석환 작사
로드바기스 작곡

𝄐(페르마타) 늘임표: 음을 2~3배 늘여서 연주
𝄆 𝄇(도돌이표): 다시 한 번 반복해서 연주한다.
* 붙임줄: 한 음처럼 붙여서 연주

사용된 코드

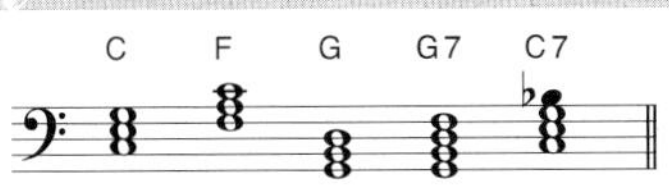

사용된 음표와 쉼표

- ♪ 8분음표 반박자
- ♩ 4분음표 1박자
- 𝅗𝅥 2분음표 2박자
- 𝅗𝅥. 점2분음표 3박자
- ♪⁀♩ 4~5박 정도의 길이
- 𝄽 4분쉼표 1박자 쉰다

▶▶ P_15

둥이 살짝

이 노랫말과 연상하여 무엇이 그려지나요?
지금 여기에서 내 삶의 일부분이 될 수 있기를… (내 마음의 정서는…?)

박경문 작사
김방옥 작곡

D.S.(달세뇨) : 𝄋(세뇨)로 돌아가서 *Fine*(피네)에서 마친다.

♪♪♪(3) 셋잇단음표 = ♩ = 1박자

사용된 코드

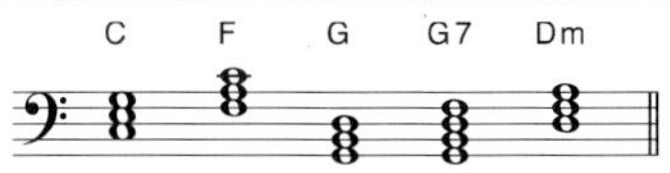

사용된 음표와 쉼표

𝅘𝅥𝅯 16분음표 반의반박자

♪. 점8분음표 반박자반

♩ 4분음표 1박자

𝅗𝅥 2분음표 2박자

♪♪♪(3) 셋잇단음표 1박자

𝄽 4분쉼표 1박자 쉰다

* 표 부분을 아래와 같이 해 보세요.

▶P_16

참 재미있었지

이 노랫말과 연상하여 무엇이 그려지나요?
지금 여기에서 내 삶의 일부분이 될 수 있기를… (내 마음의 정서는…?)

김성균 작사
김성균 작곡

* 붙임줄 : 한 음처럼 붙여서 연주
** 이음줄 : 부드럽게 이어서 연주

사용된 코드

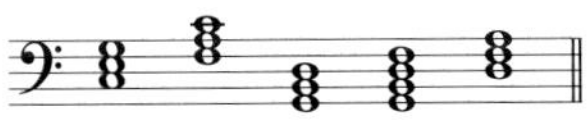

사용된 음표와 쉼표

- ♪ 8분음표 반박자
- ♩ 4분음표 1박자
- ♩. 점4분음표 1박자반
- 𝅗𝅥 2분음표 2박자
- 𝄽 4분쉼표 1박자 쉰다

다른 반주 형태

P_17

마귀할멈과 유리공주

이 노랫말과 연상하여 무엇이 그려지나요?
지금 여기에서 내 삶의 일부분이 될 수 있기를… (내 마음의 정서는…?)

문형만 작사
문형만 작곡

사용된 코드

사용된 음표와 쉼표

- 16분음표 반의반박자
- 점8분음표 반박자반
- 4분음표 1박자
- 2분음표 2박자
- 점2분음표 3박자
- 4분쉼표 1박자 쉰다

▶▶P_18

돌과 물

이 노랫말과 연상하여 무엇이 그려지나요?
지금 여기에서 내 삶의 일부분이 될 수 있기를… (내 마음의 정서는…?)

윤석중 작사
전석환 작곡

사용된 코드

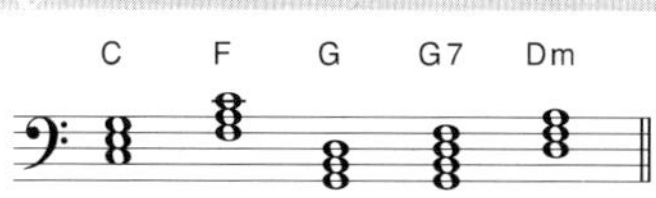

사용된 음표와 쉼표

♪ 8분음표 반박자
♩ 4분음표 1박자
♩. 점4분음표 1박자반
𝅗𝅥 2분음표 2박자

다른 반주 형태

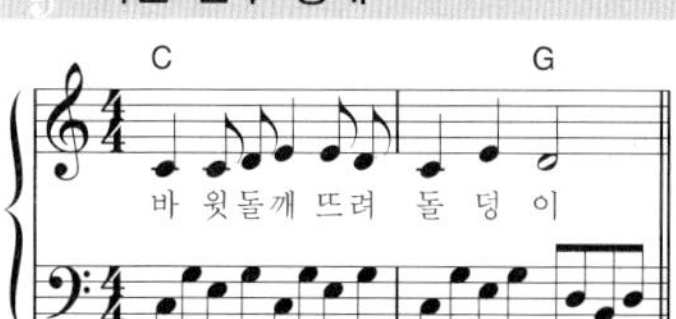

▶▶P_19

봄 비

이 노랫말과 연상하여 무엇이 그려지나요?
지금 여기에서 내 삶의 일부분이 될 수 있기를… (내 마음의 정서는…?)

김성균 작사
김성균 작곡

사용된 코드

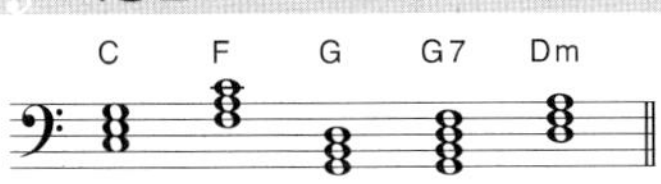

사용된 음표와 쉼표

♪ 8분음표 반박자
♩ 4분음표 1박자
𝅗𝅥 2분음표 2박자
𝅗𝅥. 점2분음표 3박자
𝄽 4분쉼표 1박자 쉰다

다른 반주 형태

▶▶P_20

다섯 손가락

이 노랫말과 연상하여 무엇이 그려지나요?
지금 여기에서 내 삶의 일부분이 될 수 있기를… (내 마음의 정서는…?)

김성균 작사
김성균 작곡

𝄆 𝄇(도돌이표) : 다시 한 번 반복해서 연주한다.

사용된 코드

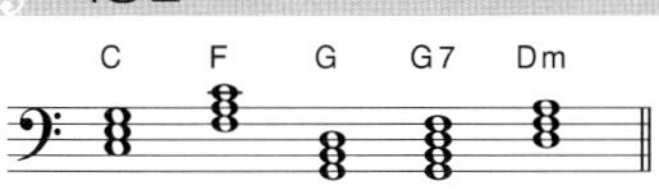

사용된 음표와 쉼표

- 𝅘𝅥𝅯 16분음표 반의반박자
- ♪ 8분음표 반박자
- ♪. 점8분음표 반박자반
- ♩ 4분음표 1박자
- 𝅗𝅥 2분음표 2박자

▶ P_21

봄 님

이 노랫말과 연상하여 무엇이 그려지나요?
지금 여기에서 내 삶의 일부분이 될 수 있기를… (내 마음의 정서는…?)

김성균 작사
김성균 작곡

*붙임줄: 한 음처럼 붙여서 연주

사용된 코드

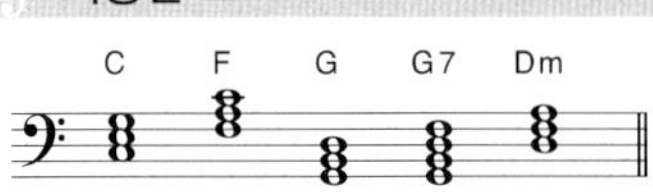

사용된 음표와 쉼표

♪ 8분음표 반박자	𝅗𝅥 2분음표 2박자
♩ 4분음표 1박자	𝅗𝅥. 점2분음표 3박자
♩. 점4분음표 1박자반	𝄽 4분쉼표 1박자 쉰다

P_22

그대로 멈춰라

이 노랫말과 연상하여 무엇이 그려지나요?
지금 여기에서 내 삶의 일부분이 될 수 있기를… (내 마음의 정서는…?)

김방옥 작사
김방옥 작곡

사용된 코드

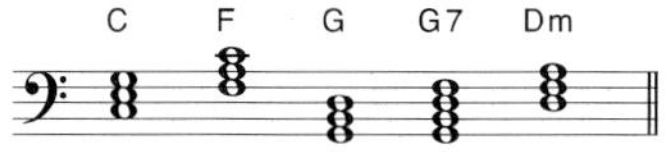

사용된 음표와 쉼표

- 16분음표 반의반박자
- 8분음표 반박자
- 점8분음표 반박자반
- 4분음표 1박자
- 2분음표 2박자
- 점2분음표 3박자
- 4분쉼표 1박자 쉰다
- 2분쉼표 2박자 쉰다

P_23

개 구 리

이 노랫말과 연상하여 무엇이 그려지나요?
지금 여기에서 내 삶의 일부분이 될 수 있기를… (내 마음의 정서는…?)

이동찬 작사
홍난파 작곡

사용된 코드

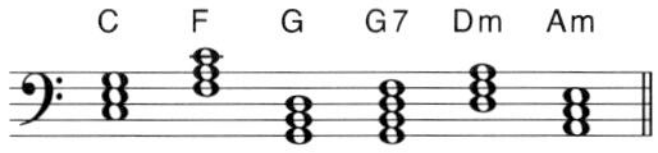

사용된 음표와 쉼표

- ♪ 8분음표 반박자
- ♩ 4분음표 1박자
- ♩. 점4분음표 1박자반
- 𝄾 8분쉼표 반박자

다른 반주 형태

▶▶P_24

통통통

이 노랫말과 연상하여 무엇이 그려지나요?
지금 여기에서 내 삶의 일부분이 될 수 있기를… (내 마음의 정서는…?)

김성균 작사
김성균 작곡

*붙임줄 : 한 음처럼 붙여서 연주
** 이음줄 : 부드럽게 이어서 연주

사용된 코드

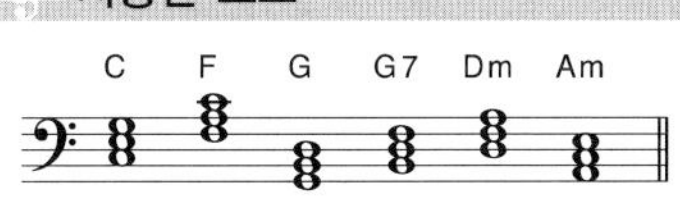

사용된 음표와 쉼표

- 𝅘𝅥𝅯 16분음표 반의반박자
- 𝅘𝅥𝅮. 점8분음표 반박자반
- ♩ 4분음표 1박자
- 𝅗𝅥 2분음표 2박자
- 𝄽 4분쉼표 1박자 쉰다
- 𝄼 2분쉼표 2박자 쉰다

✱표 부분을 아래와 같이 해 보세요.

▶ P_25

예쁜 선물

이 노랫말과 연상하여 무엇이 그려지나요?
지금 여기에서 내 삶의 일부분이 될 수 있기를… (내 마음의 정서는…?)

권종애 작사
권종애 작곡

* 붙임줄 : 한 음처럼 붙여서 연주

사용된 코드

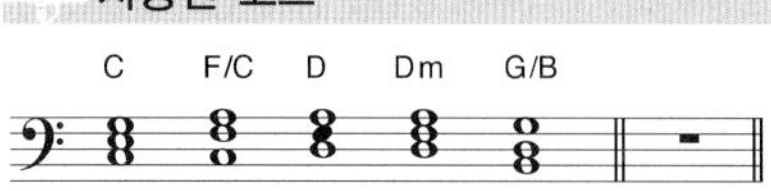

사용된 음표와 쉼표

♪ 16분음표 반의반박자 ♪. 점8분음표 반박자반
♪ 8분음표 반박자 ♩ 4분음표 1박자

▶▶ P_26

그냥 두고 나갔더니

이 노랫말과 연상하여 무엇이 그려지나요?
지금 여기에서 내 삶의 일부분이 될 수 있기를… (내 마음의 정서는…?)

김성균 작사
김성균 작곡

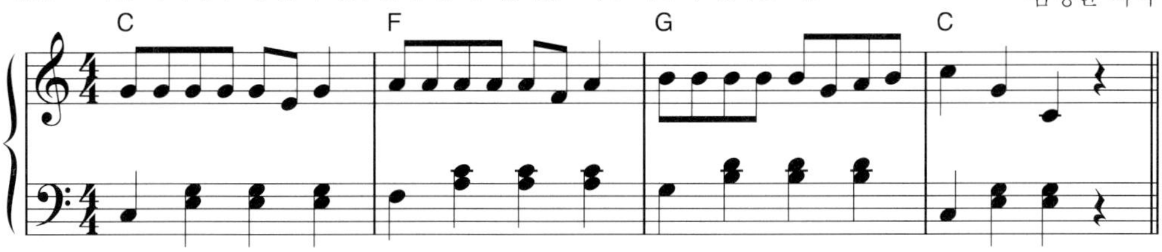

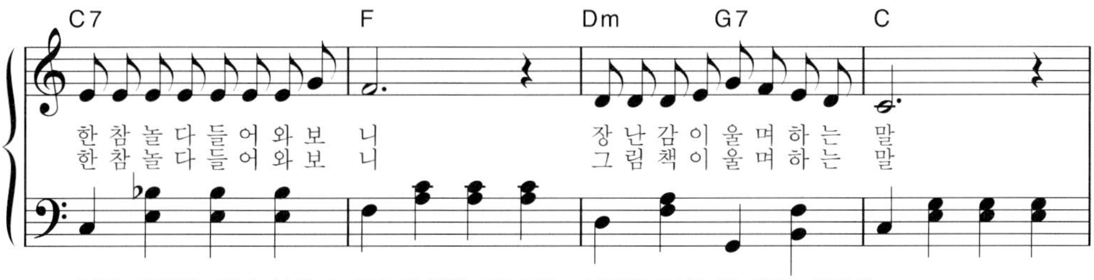

나를 바닥에 그냥 두고 나갔기 때문에 지나가는 사람이 나를 뻥 찼단 말이야
나를 바닥에 그냥 두고 나갔기 때문에 지나가는 사람이 나를 꽉 밟았단 말이야

사용된 코드

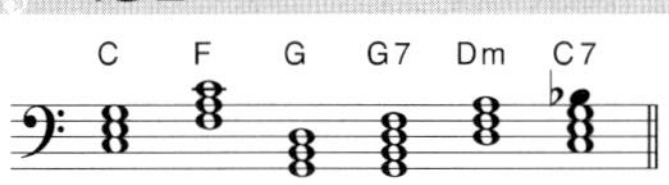

사용된 음표와 쉼표

♪ 8분음표 반박자
♩ 4분음표 1박자
𝅗𝅥. 점2분음표 3박자
𝄽 4분쉼표 1박자 쉰다
꾸밈음

다른 반주 형태

▶▶P_27

세계의 아침 인사

이 노랫말과 연상하여 무엇이 그려지나요?
지금 여기에서 내 삶의 일부분이 될 수 있기를… (내 마음의 정서는…?)

윤현진 작사
윤현진 작곡

* $\frac{6}{8}$박자 노래는 ♪(8분음표)를 한 박으로 본다.

** 붙임줄 : 한 음처럼 연주하므로 5박자 동안 연주한다.

사용된 코드

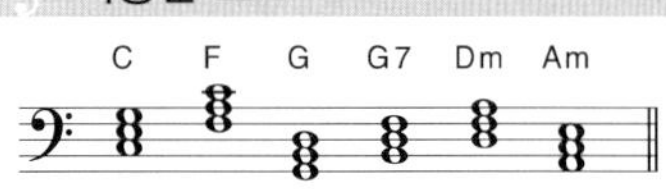

사용된 음표와 쉼표

♪ 8분음표 1박자
♩ 4분음표 2박자
♩. 점4분음표 3박자
𝄾 8분쉼표 반박자

▶▶ P_28

나 무 야

이 노랫말과 연상하여 무엇이 그려지나요?
지금 여기에서 내 삶의 일부분이 될 수 있기를… (내 마음의 정서는…?)

강소천 작사
김공선 작곡

사용된 코드

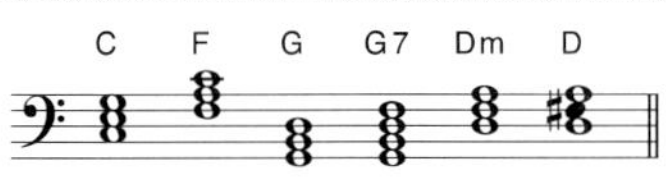

사용된 음표와 쉼표

- ♪ 8분음표 반박자
- ♩ 4분음표 1박자
- ♩. 점4분음표 1박자반
- 𝅗𝅥 2분음표 2박자
- 𝅗𝅥. 점2분음표 3박자
- 𝄽 4분쉼표 1박자 쉰다

다른 반주 형태

▶▶P_29

하얀 나라

이 노랫말과 연상하여 무엇이 그려지나요?
지금 여기에서 내 삶의 일부분이 될 수 있기를… (내 마음의 정서는…?)

김성균 작사
김성균 작곡

* *D.S.*(달세뇨) : 𝄋(세뇨)로 돌아가서 *Fine*(피네)에서 마친다.

사용된 코드

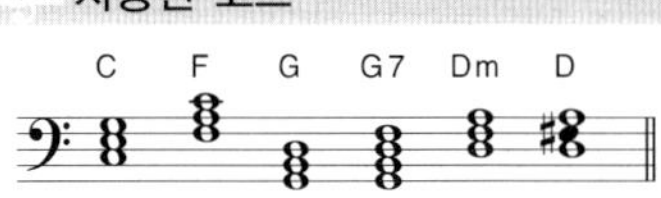

사용된 음표와 쉼표

♪ 8분음표 반박자
♩ 4분음표 1박자
𝅗𝅥 2분음표 2박자
𝄽 4분쉼표 1박자 쉰다
𝅗𝅥. 점2분음표 3박자

다른 반주 형태

P_30

우리 동네

이 노랫말과 연상하여 무엇이 그려지나요?
지금 여기에서 내 삶의 일부분이 될 수 있기를… (내 마음의 정서는…?)

김성균 작사
김성균 작곡

* *D.S.*(달세뇨) : 𝄋(세뇨)로 돌아가서 *Fine*(피네)에서 마친다.

사용된 코드

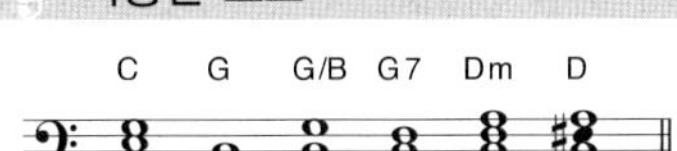

사용된 음표와 쉼표

♪ 8분음표 반박자
♩ 4분음표 1박자
♩. 점4분음표 1박자반
𝅗𝅥 2분음표 2박자
𝅗𝅥. 점2분음표 3박자

▶▶P_31

우리 엄마

이 노랫말과 연상하여 무엇이 그려지나요?
지금 여기에서 내 삶의 일부분이 될 수 있기를… (내 마음의 정서는…?)

양한나 작사
김성균 작곡

사용된 코드

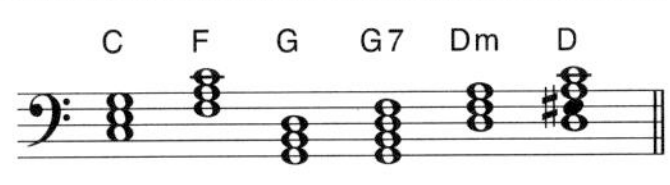

사용된 음표와 쉼표

- 8분음표 반박자
- 4분음표 1박자
- 점4분음표 1박자반
- 2분음표 2박자
- 점2분음표 3박자
- 4분쉼표 1박자 쉰다

다른 반주 형태

▶ P_32

작은 동물원

이 노랫말과 연상하여 무엇이 그려지나요?
지금 여기에서 내 삶의 일부분이 될 수 있기를… (내 마음의 정서는…?)

김성균 작사
김성균 작곡

* >(악센트): 그 음을 특히 세게 연주
** 이음줄: 부드럽게 이어서 연주
*** 붙임줄: 한 음처럼 붙여서 연주

사용된 코드

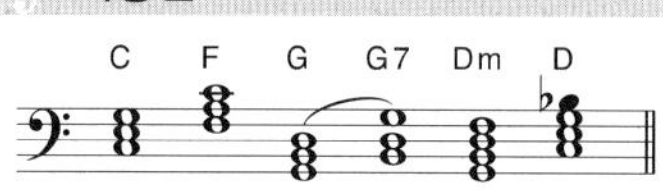

사용된 음표와 쉼표

- ♪ 8분음표 반박자
- ♩ 4분음표 1박자
- ♩. 점4분음표 1박자반
- 𝅗𝅥 2분음표 2박자
- 𝅗𝅥. 점2분음표 3박자
- 𝄽 4분쉼표 1박자 쉰다
- 𝄼 2분쉼표 2박자 쉰다

▶▶ P_33

씨 앗

이 노랫말과 연상하여 무엇이 그려지나요?
지금 여기에서 내 삶의 일부분이 될 수 있기를… (내 마음의 정서는…?)

김성균 작사
김성균 작곡

* 셋잇단음표 = ♩ = 1박자

사용된 코드

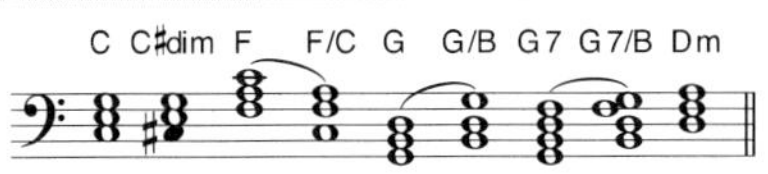

사용된 음표와 쉼표

𝅘𝅥𝅯 16분음표 반의반박자
♪. 점8분음표 반박자반
♩ 4분음표 1박자
♩. 점4분음표 1박자반
𝅗𝅥. 점2분음표 3박자
𝄽 4분쉼표 1박자 쉰다
𝄼 2분쉼표 2박자 쉰다

＊표 부분을 아래와 같이 해 보세요.

▶▶ P_34

시장잔치

이 노랫말과 연상하여 무엇이 그려지나요?
지금 여기에서 내 삶의 일부분이 될 수 있기를… (내 마음의 정서는…?)

김성균 작사
김성균 작곡

* 이음줄: 부드럽게 이어서 연주

사용된 코드

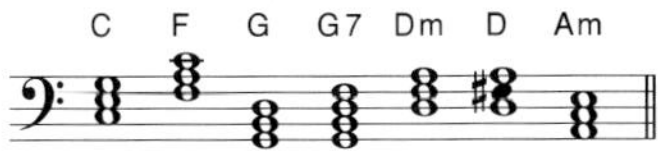

사용된 음표와 쉼표

- 𝅘𝅥𝅯 16분음표 반의반박자
- ♪ 8분음표 반박자
- ♪. 점8분음표 반박자반
- ♩ 4분음표 1박자
- 𝅗𝅥 2분음표 2박자
- 𝅗𝅥. 점2분음표 3박자

* 표 부분을 아래와 같이 해 보세요.

▶ P_35

즐거운 여름

이 노랫말과 연상하여 무엇이 그려지나요?
지금 여기에서 내 삶의 일부분이 될 수 있기를… (내 마음의 정서는…?)

김성균 작사
김성균 작곡

사용된 코드

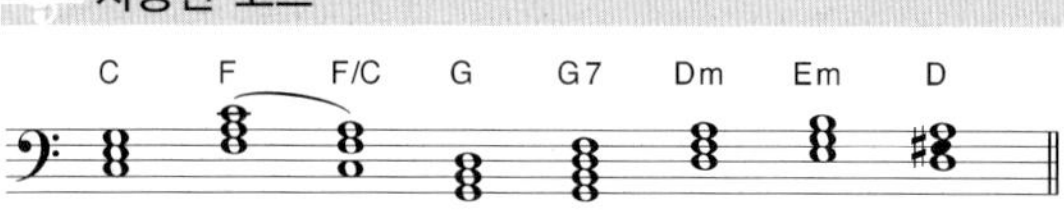

사용된 음표와 쉼표

- ♪ 16분음표 반의반박자
- ♪ 8분음표 반박자
- ♩ 4분음표 1박자
- ♩. 점4분음표 1박자반
- 𝅗𝅥 2분음표 2박자
- 𝄾 8분쉼표 반박자
- 𝄽 4분쉼표 1박자 쉰다

▶▶ P_36

두 두 두

이 노랫말과 연상하여 무엇이 그려지나요?
지금 여기에서 내 삶의 일부분이 될 수 있기를… (내 마음의 정서는…?)

김성균 작사
김성균 작곡

사용된 코드

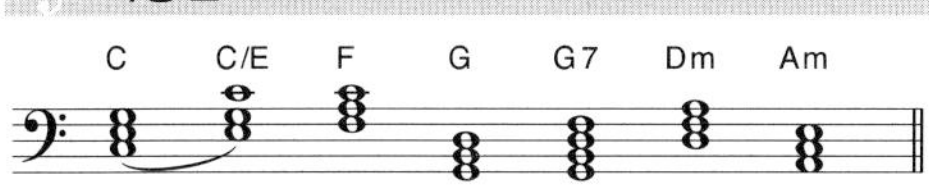

사용된 음표와 쉼표

- ♪ 8분음표 반박자
- 4분음표 1박자
- 점4분음표 1박자반
- 2분음표 2박자
- 점2분음표 3박자
- 4분쉼표 1박자 쉰다

▶▶P_37

가을 길

이 노랫말과 연상하여 무엇이 그려지나요?
지금 여기에서 내 삶의 일부분이 될 수 있기를… (내 마음의 정서는…?)

김규환 작사
김규환 작곡

* 이음줄: 부드럽게 이어서 연주

사용된 코드

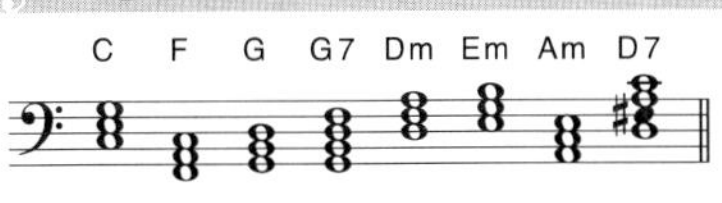

사용된 음표와 쉼표

♪ 8분음표 반박자
♩ 4분음표 1박자
𝄽 4분쉼표 1박자 쉰다

다른 반주 형태

▶P_38

에델바이스

이 노랫말과 연상하여 무엇이 그려지나요?
지금 여기에서 내 삶의 일부분이 될 수 있기를… (내 마음의 정서는…?)

R. 로저스 작곡

사용된 코드

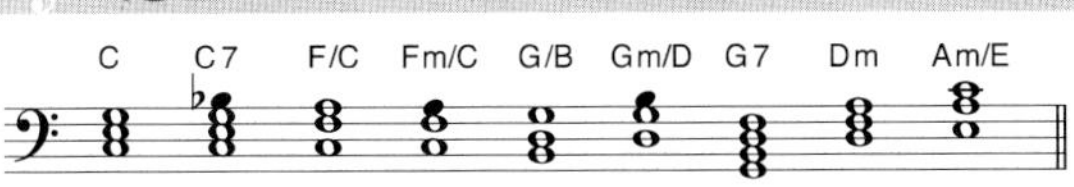

사용된 음표와 쉼표

- 8분음표 반박자
- 4분음표 1박자
- 2분음표 2박자
- 점2분음표 3박자
- 8분쉼표 반박자
- 4분쉼표 1박자 쉰다

▶▶P_39

겨울 바람

이 노랫말과 연상하여 무엇이 그려지나요?
지금 여기에서 내 삶의 일부분이 될 수 있기를… (내 마음의 정서는…?)

백순진 작사
백순진 작곡

* ♯(샵): 임시표로 쓰여서 반음 올려 준다.
** *D.S.*(달세뇨): 𝄋(세뇨)로 돌아가서 *Fine*(피네)에서 마친다.

사용된 코드

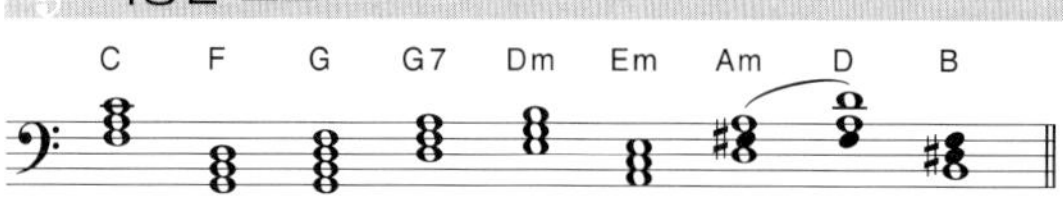

사용된 음표와 쉼표

- 16분음표 반의반박자
- 점8분음표 반박자반
- 4분음표 1박자
- 점4분음표 1박자반
- 2분음표 2박자
- 점2분음표 3박자
- 4분쉼표 1박자 쉰다

Piano와의 여정

F장조

▶▶P_40

어린음악대

이 노랫말과 연상하여 무엇이 그려지나요?
지금 여기에서 내 삶의 일부분이 될 수 있기를… (내 마음의 정서는…?)

김성도 작사
김성도 작곡

사용된 코드

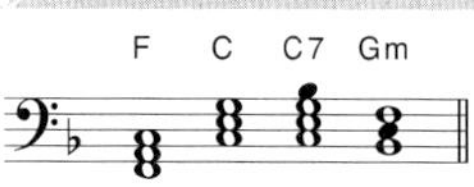

사용된 음표와 쉼표

♪ 8분음표 반박자
♩ 4분음표 1박자
♩. 점4분음표 1박자반
𝅗𝅥 2분음표 2박자

▶ P_41

리듬악기노래

이 노랫말과 연상하여 무엇이 그려지나요?
지금 여기에서 내 삶의 일부분이 될 수 있기를… (내 마음의 정서는…?)

이계석 작사
이계석 작곡

사용된 코드

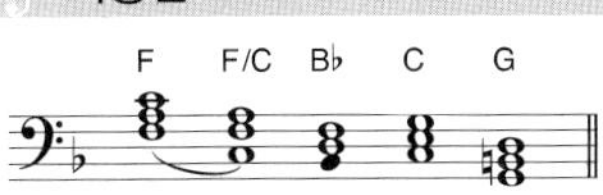

사용된 음표와 쉼표

- 16분음표 반의반박자
- 8분음표 반박자
- 4분음표 1박자
- 점4분음표 1박자반
- 2분음표 2박자
- 점2분음표 3박자
- 4분쉼표 1박자 쉰다
- 8분쉼표 반박자

▶▶ P_42

올챙이와 개구리

이 노랫말과 연상하여 무엇이 그려지나요?
지금 여기에서 내 삶의 일부분이 될 수 있기를… (내 마음의 정서는…?)

윤현진 작사
윤현진 작곡

*♯(샾): 임시표로 쓰여서 반음 올려 준다.

사용된 코드

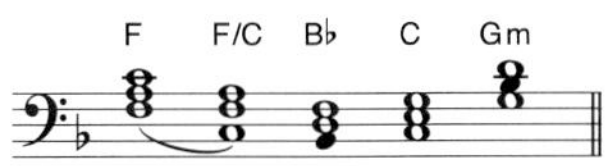

사용된 음표와 쉼표

♪ 8분음표 반박자
♩ 4분음표 1박자
♩. 점4분음표 1박자반
𝄽 4분쉼표 1박자 쉰다

다른 반주 형태

▶P_43

기린이랑 사슴이랑

이 노랫말과 연상하여 무엇이 그려지나요?
지금 여기에서 내 삶의 일부분이 될 수 있기를… (내 마음의 정서는…?)

김영자 작사
이은렬 작곡

* 이음줄: 부드럽게 이어서 연주

사용된 코드

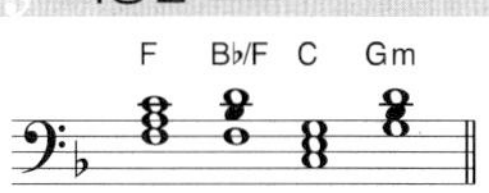

사용된 음표와 쉼표

♪ 8분음표 반박자
♩ 4분음표 1박자
점2분음표 3박자
4분쉼표 1박자 쉰다

▶▶ P_44

병원차와 소방차

이 노랫말과 연상하여 무엇이 그려지나요?
지금 여기에서 내 삶의 일부분이 될 수 있기를… (내 마음의 정서는…?)

유경손 작사
유경손 작곡

사용된 코드

사용된 음표와 쉼표

- ♪ 8분음표 반박자
- ♩ 4분음표 1박자
- 𝅗𝅥 2분음표 2박자

다른 반주 형태

▶P_45

잉 잉 잉

이 노랫말과 연상하여 무엇이 그려지나요?
지금 여기에서 내 삶의 일부분이 될 수 있기를… (내 마음의 정서는…?)

김성균 작사
김성균 작곡

*붙임줄: 한 음처럼 붙여서 연주

사용된 코드

사용된 음표와 쉼표

♪ 8분음표 반박자
♩ 4분음표 1박자
♩. 점4분음표 1박자반
𝄽 4분쉼표 1박자 쉰다

▶▶ P_46

닮은 곳이 있대요

이 노랫말과 연상하여 무엇이 그려지나요?
지금 여기에서 내 삶의 일부분이 될 수 있기를… (내 마음의 정서는…?)

김성균 작사
김성균 작곡

사용된 코드

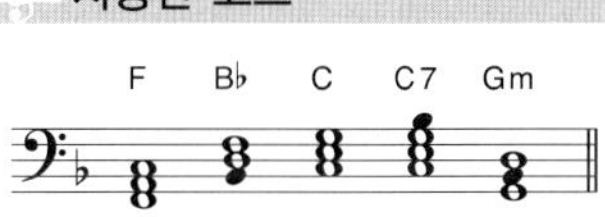

사용된 음표와 쉼표

♪ 8분음표 반박자
♩ 4분음표 1박자
𝅗𝅥 2분음표 2박자
𝅗𝅥. 점2분음표 3박자
𝄾 8분쉼표 반박자
𝄽 4분쉼표 1박자 쉰다

다른 반주 형태

* 표 부분을 아래와 같이 해 보세요.

P_47

괜찮아요

이 노랫말과 연상하여 무엇이 그려지나요?
지금 여기에서 내 삶의 일부분이 될 수 있기를… (내 마음의 정서는…?)

김성균 작사
김성균 작곡

사용된 코드

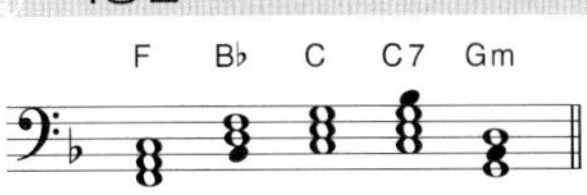

사용된 음표와 쉼표

- 16분음표 반의반박자
- 점8분음표 반박자반
- 4분음표 1박자
- 2분음표 2박자
- 4분쉼표 1박자 쉰다

▶P_48

사 랑

이 노랫말과 연상하여 무엇이 그려지나요?
지금 여기에서 내 삶의 일부분이 될 수 있기를… (내 마음의 정서는…?)

김성균 작사
김성균 작곡

*붙임줄: 한 음처럼 붙여서 연주

사용된 코드

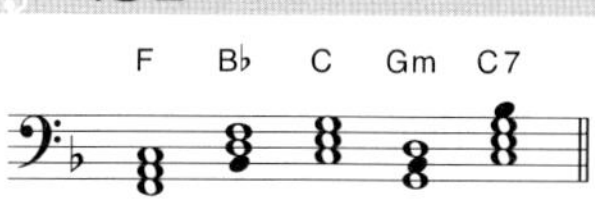

사용된 음표와 쉼표

- ♪ 8분음표 반박자
- ♩ 4분음표 1박자
- 𝅗𝅥 2분음표 2박자
- 𝅗𝅥. 점2분음표 3박자

▶▶ P_49

병원놀이

이 노랫말과 연상하여 무엇이 그려지나요?
지금 여기에서 내 삶의 일부분이 될 수 있기를… (내 마음의 정서는…?)

장민수 작사
강정옥 작곡

♮(제자리표): 임시표로 제자리를 친다.
* 이음줄: 부드럽게 이어서 연주

사용된 코드

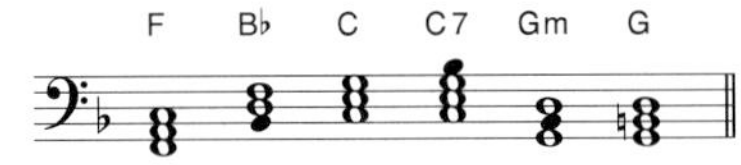

사용된 음표와 쉼표

- 16분음표 반의반박자
- 점8분음표 반박자반
- 4분음표 1박자
- 2분음표 2박자
- 4분쉼표 1박자 쉰다

다른 반주 형태

▶ P_50

건너가는 길

이 노랫말과 연상하여 무엇이 그려지나요?
지금 여기에서 내 삶의 일부분이 될 수 있기를… (내 마음의 정서는…?)

김성균 작사
김성균 작곡

* 셋잇단음표 1박자

사용된 코드

사용된 음표와 쉼표

- 16분음표 반의반박자
- 점8분음표 반박자반
- 4분음표 1박자
- 2분음표 2박자
- 점2분음표 3박자

▶▶P_51

참 좋은 말

이 노랫말과 연상하여 무엇이 그려지나요?
지금 여기에서 내 삶의 일부분이 될 수 있기를… (내 마음의 정서는…?)

김완기 작사
정지원 작곡

* *D.S.* al coda(달세뇨 올 코다) : 𝄋(세뇨)로 돌아가서 𝄌(코다)와 𝄌(코다) 사이를 생략한다.

사용된 코드

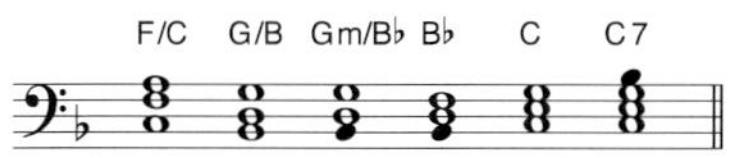

사용된 음표와 쉼표

- 16분음표 반의반박자
- 점8분음표 반박자반
- 4분음표 1박자
- 2분음표 2박자
- 점2분음표 3박자
- 온음표 4박자
- 8분쉼표 반박자 쉰다
- 점8분쉼표 반박자반 쉰다
- 4분쉼표 1박자 쉰다

P_52

식사기도

이 노랫말과 연상하여 무엇이 그려지나요?
지금 여기에서 내 삶의 일부분이 될 수 있기를… (내 마음의 정서는…?)

나까다 우고 작사
아론 윌리엄스 작곡

* 이음줄: 부드럽게 이어서 연주

사용된 코드

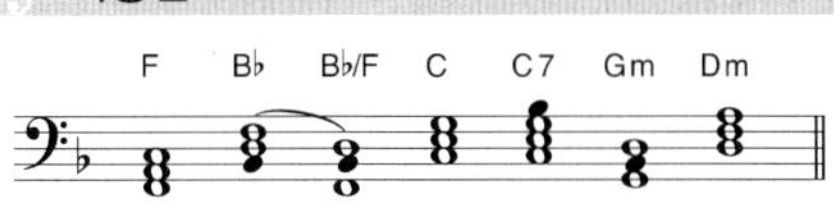

사용된 음표와 쉼표

♪ 8분음표 반박자
♩ 4분음표 1박자
𝅗𝅥. 점2분음표 3박자
𝄽 4분쉼표 1박자 쉰다

▶▶ P_53

졸업노래

이 노랫말과 연상하여 무엇이 그려지나요?
지금 여기에서 내 삶의 일부분이 될 수 있기를… (내 마음의 정서는…?)

유경손 작사
나운영 작곡

* 붙임줄 : 한 음처럼 붙여서 연주
** 이음줄 : 부드럽게 이어서 연주

사용된 코드

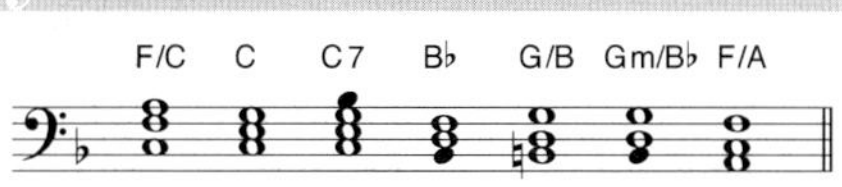

사용된 음표와 쉼표

♪ 8분음표 반박자
♩ 4분음표 1박자
♩. 점4분음표 1박자반
𝅗𝅥 2분음표 2박자
𝄽 4분쉼표 1박자 쉰다

▶P_54

안마를 합시다

이 노랫말과 연상하여 무엇이 그려지나요?
지금 여기에서 내 삶의 일부분이 될 수 있기를… (내 마음의 정서는…?)

정근 작사
정근 작곡

사용된 코드

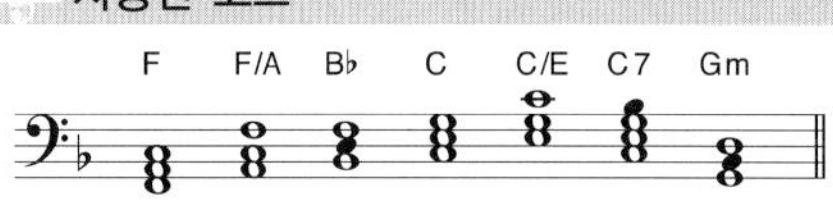

사용된 음표와 쉼표

- ♪ 8분음표 반박자
- ♩ 4분음표 1박자
- ♩. 점4분음표 1박자반
- 𝅗𝅥 2분음표 2박자
- 𝄾 8분쉼표 반박자 쉰다

▶▶P_55

솜 사 탕

이 노랫말과 연상하여 무엇이 그려지나요?
지금 여기에서 내 삶의 일부분이 될 수 있기를… (내 마음의 정서는…?)

정근 작사
이수인 작곡

* 당김음 리듬: 앞이 짧고 뒤가 긴 리듬 (ex〉 ♪♩)
** 이 두 곳은 쉼표에 의한 당김음으로 잘 연주하고 부를 수 있도록 한다.

사용된 코드

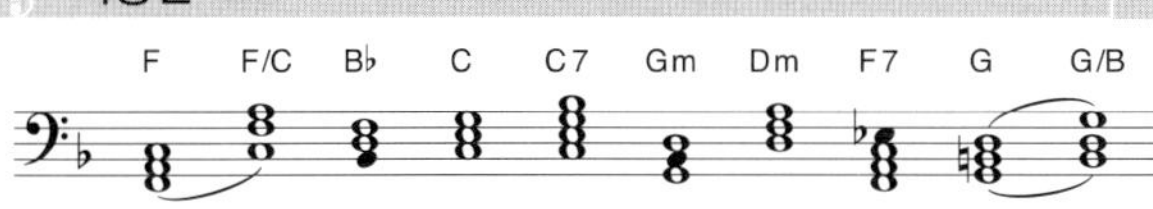

사용된 음표와 쉼표

♪ 8분음표 반박자
♩ 4분음표 1박자
𝅗𝅥 2분음표 2박자
𝅗𝅥. 점2분음표 3박자
𝄾 8분쉼표 반박자 쉰다
𝄽 4분쉼표 1박자 쉰다

▶▶ P_56

내가 제일 좋아하는 말

(95년 MBC 창작동요제 대상)

이 노랫말과 연상하여 무엇이 그려지나요?
지금 여기에서 내 삶의 일부분이 될 수 있기를… (내 마음의 정서는…?)

정하나 작사
정예경 작곡

* 쉼표에 의한 당김음 사용으로 반박자 쉬고 연주하고 노래 불러야 한다.
** 붙임줄 : 한 음처럼 붙여서 연주
*** 이음줄 : 부드럽게 이어서 연주

사용된 코드

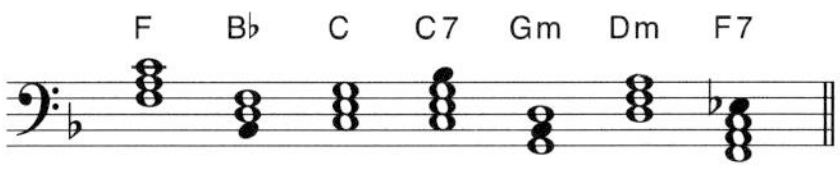

사용된 음표와 쉼표

- ♪ 8분음표 반박자
- ♩ 4분음표 1박자
- ♩. 점4분음표 1박자반
- 𝅗𝅥 2분음표 2박자
- 𝅗𝅥. 점2분음표 3박자
- 𝄾 8분쉼표 반박자 쉰다

Piano와의 여정

G장조

▶▶P_57

우리 모두 다 같이

이 노랫말과 연상하여 무엇이 그려지나요?
지금 여기에서 내 삶의 일부분이 될 수 있기를… (내 마음의 정서는…?)

외국 곡

사용된 코드

사용된 음표와 쉼표

♬ 16분음표 반의반박자 ♩ 4분음표 1박자
♪. 점8분음표 반박자반 ×× 리듬만 치기(2박자)

▶▶P_58

내 마음이 기쁘단다

이 노랫말과 연상하여 무엇이 그려지나요?
지금 여기에서 내 삶의 일부분이 될 수 있기를… (내 마음의 정서는…?)

김진영 작사
김진영 작곡

사용된 코드

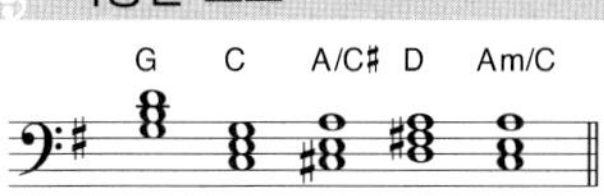

사용된 음표와 쉼표

♪ 8분음표 반박자
♩ 4분음표 1박자
𝅗𝅥 2분음표 2박자
𝅗𝅥. 점2분음표 3박자
𝄽 4분쉼표 1박자 쉰다

▶▶ P_59

생일 축하 노래

이 노랫말과 연상하여 무엇이 그려지나요?
지금 여기에서 내 삶의 일부분이 될 수 있기를… (내 마음의 정서는…?)

외국 곡

* 𝄐(페르마타) 늘임표 : 음을 2~3배 늘여서 연주

사용된 코드

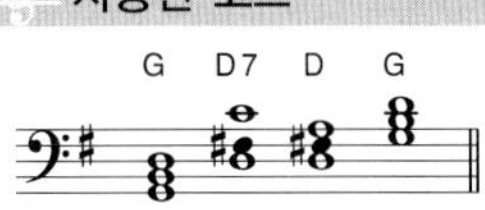

사용된 음표와 쉼표

♪ 8분음표 반박자
♩ 4분음표 1박자
𝅗𝅥 2분음표 2박자

▶▶ P_60

손님놀이

이 노랫말과 연상하여 무엇이 그려지나요?
지금 여기에서 내 삶의 일부분이 될 수 있기를… (내 마음의 정서는…?)

박경종 작사
정혜옥 작곡

* 당김음 리듬 : 앞이 짧고 뒤가 긴 리듬
** 이음줄 : 부드럽게 이어서 연주

사용된 코드

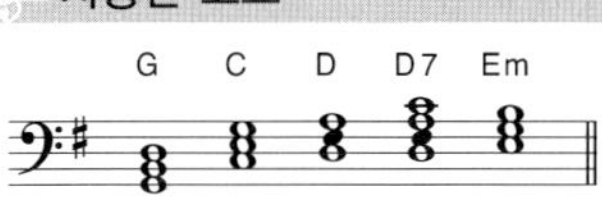

사용된 음표와 쉼표

- ♪ 8분음표 반박자
- ♩ 4분음표 1박자
- ♩. 점4분음표 1박자반
- 𝅗𝅥 2분음표 2박자
- 𝅗𝅥. 점2분음표 3박자
- 𝄾 8분쉼표 반박자 쉰다
- 𝄽 4분쉼표 1박자 쉰다

▶▶P_61

기쁨 주는 생일

이 노랫말과 연상하여 무엇이 그려지나요?
지금 여기에서 내 삶의 일부분이 될 수 있기를… (내 마음의 정서는…?)

김진영 작사
김진영 작곡

* 붙임줄로 5박 동안 붙여서 노래하고 연주한다.

사용된 코드

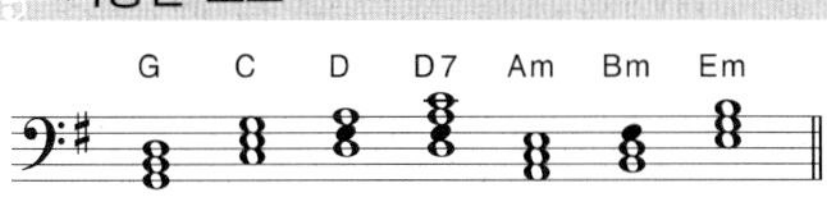

사용된 음표와 쉼표

- 8분음표 반박자
- 4분음표 1박자
- 2분음표 2박자
- 점2분음표 3박자
- 4분쉼표 1박자 쉰다

▶▶ P_62

애 국 가

이 노랫말과 연상하여 무엇이 그려지나요?
지금 여기에서 내 삶의 일부분이 될 수 있기를… (내 마음의 정서는…?)

안익태 작곡

* 이음줄 사용

사용된 코드

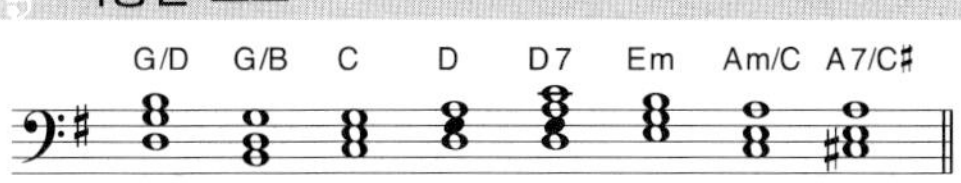

사용된 음표와 쉼표

♪ 8분음표 반박자
♩ 4분음표 1박자
♩. 점4분음표 1박자반
𝅗𝅥. 점2분음표 3박자

▶▶ P_63

숲속 작은 집

이 노랫말과 연상하여 무엇이 그려지나요?
지금 여기에서 내 삶의 일부분이 될 수 있기를… (내 마음의 정서는…?)

이계석 편곡
외국 곡

(대사) 날 좀 살려 주세요 날 좀 살려 주세요 날 살려 주지 않으면 포수가 빵 쏜대요

사용된 코드

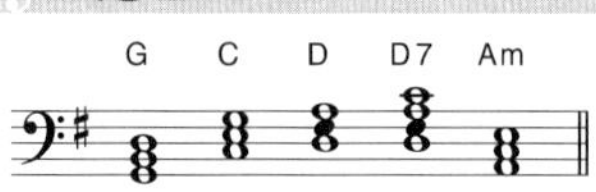

사용된 음표와 쉼표

- ♪ 8분음표 반박자
- ♩ 4분음표 1박자
- 𝅗𝅥 2분음표 2박자
- 𝅗𝅥. 점2분음표 3박자
- 𝄽 4분쉼표 1박자 쉰다

다른 반주 형태

▶P_64

하늘나라 동화

(91년 MBC 창작동요제 대상)

이 노랫말과 연상하여 무엇이 그려지나요?
지금 여기에서 내 삶의 일부분이 될 수 있기를… (내 마음의 정서는…?)

이강산 작사
이강산 작곡

*붙임줄: 한 음처럼 붙여서 연주

사용된 코드

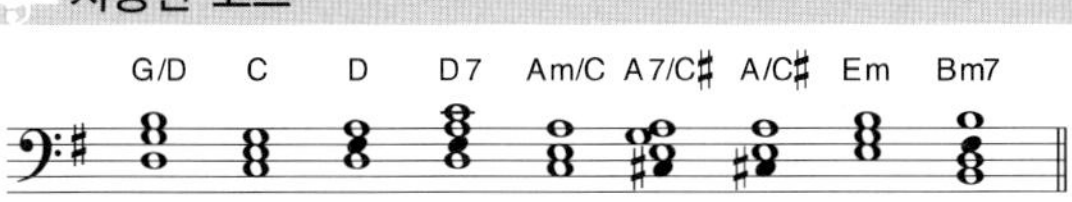

사용된 음표와 쉼표

- 16분음표 반박자
- 8분음표 1박자
- 4분음표 2박자
- 점4분음표 3박자
- 8분쉼표 1박자 쉰다

▶P_65

스승의 은혜

이 노랫말과 연상하여 무엇이 그려지나요?
지금 여기에서 내 삶의 일부분이 될 수 있기를… (내 마음의 정서는…?)

강소천 작사
권길상 작곡

♪♪♪(3) 셋잇단음표 1박자

사용된 코드

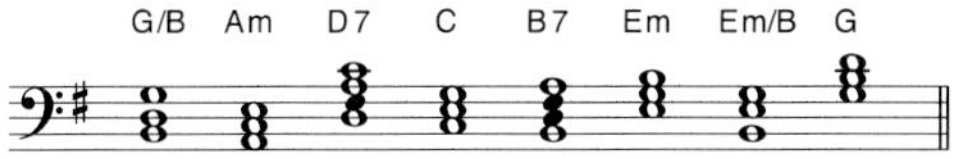

사용된 음표와 쉼표

- 16분음표 반의반박자
- 8분음표 반박자
- 점8분음표 반박자반
- 4분음표 1박자
- 점4분음표 1박자반
- 2분음표 2박자
- 4분쉼표 1박자 쉰다

▶▶P_66

예쁜 아기 곰

(95년 MBC 창작동요제 장려상, 인기상)

이 노랫말과 연상하여 무엇이 그려지나요?
지금 여기에서 내 삶의 일부분이 될 수 있기를… (내 마음의 정서는…?)

조원경 작사
조원경 작곡

* ♩♩♩(3) 셋잇단음표 = 𝅗𝅥(2박자)로 연주한다. 붙임줄: 한 음처럼 붙여서 연주

** 스타카토: 음을 $\frac{1}{2}$만큼 짧게 끊어서 연주한다.

사용된 코드

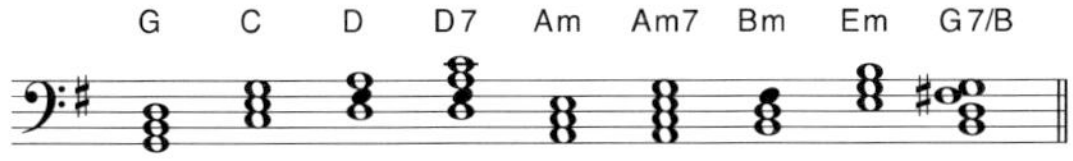

사용된 음표와 쉼표

- ♪ 8분음표 반박자
- ♩ 4분음표 1박자
- ♩. 점4분음표 1박자반
- 𝅗𝅥 2분음표 2박자
- 𝅗𝅥. 점2분음표 3박자
- 𝄾 8분쉼표 반박자 쉰다
- 𝄽 4분쉼표 1박자 쉰다

▶▶P_67

이 슬

(88년 MBC 창작동요제 대상)

이 노랫말과 연상하여 무엇이 그려지나요?
지금 여기에서 내 삶의 일부분이 될 수 있기를… (내 마음의 정서는…?)

김동호 작사
김동호 작곡

* 붙임줄 : 한 음처럼 붙여서 연주
** 쉼표에 의한 당김음 사용
*** 이음줄 : 부드럽게 이어서 연주
**** 임시표 사용

사용된 코드

사용된 음표와 쉼표

- 16분음표 반의반박자
- 8분음표 반박자
- 점8분음표 반박자반
- 4분음표 1박자
- 점4분음표 1박자반
- 2분음표 2박자
- 점2분음표 3박자
- 8분쉼표 반박자 쉰다
- 4분쉼표 1박자 쉰다

▶▶P_68

기차를 타고

(89년 KBS 창작동요제 우수상)

이 노랫말과 연상하여 무엇이 그려지나요?
지금 여기에서 내 삶의 일부분이 될 수 있기를… (내 마음의 정서는…?)

김옥순 작사
김태호 작곡

* 스타카토 : 1/2만큼 짧게 끊어서 연주
** ♯(샾) : 임시표로 쓰여서 반음 올려 준다.
*** 당김음 : 강박과 약박의 위치가 바뀐 당김음
**** 붙임줄 : 한 음처럼 붙여서 연주, 이음줄 : 부드럽게 이어서 연주

사용된 코드

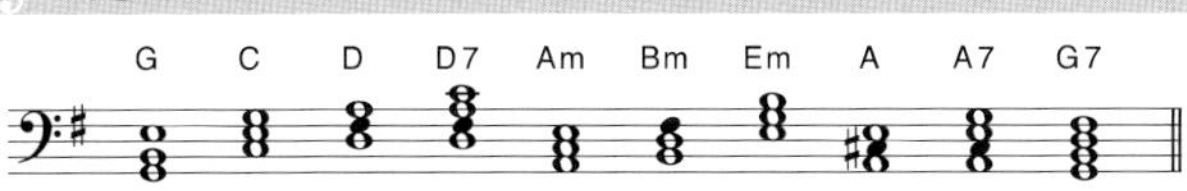

사용된 음표와 쉼표

- 16분음표 반의반박자
- 8분음표 반박자
- 점8분음표 반박자반
- 4분음표 1박자
- 점4분음표 1박자반
- 2분음표 2박자
- 점2분음표 3박자
- 4분쉼표 1박자 쉰다

▶▶ P_69

화 가

(92년 MBC 창작동요제 은상)

이 노랫말과 연상하여 무엇이 그려지나요?
지금 여기에서 내 삶의 일부분이 될 수 있기를… (내 마음의 정서는…?)

이강산 작사
이강산 작곡

$\frac{6}{8}$ 박자에서는 ♪(8분음표)를 1박자로 본다.
* 붙임줄 : 한 음처럼 붙여서 연주
** ♯(샵) : 임시표로 쓰여서 반음 올려 준다.

사용된 코드

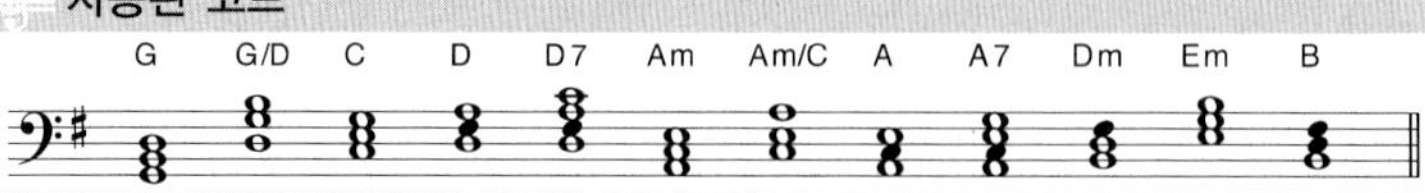

사용된 음표와 쉼표

- 16분음표 반박자
- 8분음표 1박자
- 점8분음표 1박자반
- 4분음표 2박자
- 점4분음표 3박자

Piano와의 여정

D장조 / 전래동요

▶▶P_70

멋쟁이 토마토

이 노랫말과 연상하여 무엇이 그려지나요?
지금 여기에서 내 삶의 일부분이 될 수 있기를… (내 마음의 정서는…?)

김영광 작사
김영광 작곡

*쉼표에 의한 당김음 사용

사용된 코드

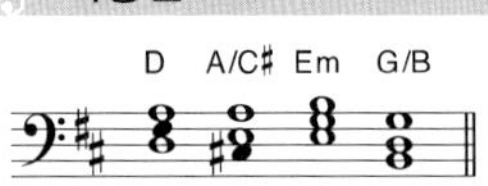

사용된 음표와 쉼표

♪ 8분음표 반박자
♩ 4분음표 1박자
𝅗𝅥. 점2분음표 3박자
𝄾 8분쉼표 반박자 쉰다
𝄽 4분쉼표 1박자 쉰다

P_71

우리들의 마음속엔

이 노랫말과 연상하여 무엇이 그려지나요?
지금 여기에서 내 삶의 일부분이 될 수 있기를… (내 마음의 정서는…?)

김진영 작사
김진영 작곡

* 붙임줄: 한 음처럼 붙여서 연주
** 이음줄: 부드럽게 이어서 연주

사용된 코드

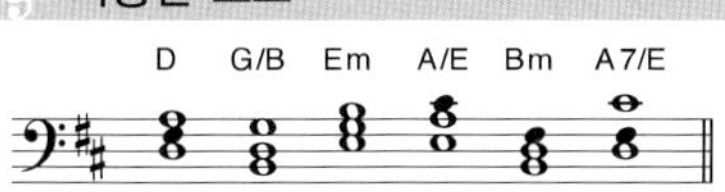

사용된 음표와 쉼표

♪ 8분음표 반박자
𝅗𝅥 2분음표 2박자
▬ 2분쉼표 2박자 쉰다

▶P_72

숫자풀이

이 노랫말과 연상하여 무엇이 그려지나요?
지금 여기에서 내 삶의 일부분이 될 수 있기를… (내 마음의 정서는…?)

전래동요

- 중부지방에서 많이 불려졌으나 전국적으로 불린다.
- 전통적이기보다는 1920년대 1930년의 신 동요에 해당되며 '놀이요'의 종류에 해당된다.
- 여러 아이들이 서로 마주 앉아 다리를 뻗어서 어긋나게 끼고 다같이 노래 부르면서 노래에 맞추어 차례로 두드리며 마지막 박자에 걸린 발을 거두어들이고 맨 마지막에 남은 발의 임자가 승리하게 되는 놀이로, '이거리 저거리 각거리' 노래와 같은 놀이다.
- 긴 겨울밤, 함께 노래 부르고 게임처럼 벌칙을 주고받으면서 웃음꽃을 피우며 즐기는 놀이로 알려져 있다.
- 유아들과 반주에 맞추어 흥겹게 노래 불러보기도 하고 게임처럼 맨마지막으로 남은 친구가 승리자가 되어 놀이를 즐길 수 있는 기회도 제공할 수 있다.

♩= 72 메트롬 사용 시 1박자에 72 정도 빠르기로 사용
𝄆 𝄇(도돌이표): 다시 한 번 반복해서 연주한다.

사용된 코드

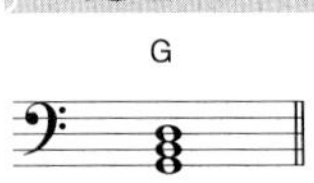

사용된 음표와 쉼표

- ♬ 16분음표 반의반박자
- ♪ 8분음표 반박자
- ♩ 4분음표 1박자

▶ P_73

가위바위보

이 노랫말과 연상하여 무엇이 그려지나요?
지금 여기에서 내 삶의 일부분이 될 수 있기를… (내 마음의 정서는…?)

전래동요

- 경기지방을 중심으로 중부지역 일대에서 불려지던 '놀이요'로, 두 어린이끼리 또는 할머니와 서로 마주 앉아 노랫말대로 동작을 취하면서 노래 부르는 전래동요이다.
- 가위바위보를 해서 이긴 사람이 진 사람의 뒷목에 다섯손가락 중 하나의 손가락을 꾹 눌러서 어떤 손가락으로 눌렀는지 알아맞히는 게임으로 연결된다.
- 손가락의 명칭과 소근육운동 등 게임의 묘미를 느낄 수 있는 전래동요이며, 놀이로 연결될 수 있어 요즘도 많이 불리고 있다.

♩ = 72 메트롬 사용 시 1분에 ♩(4분음표)를 72 정도의 빠르기로 노래 부른다.

사용된 코드

사용된 음표와 쉼표

♪ 8분음표 반박자
♩ 4분음표 1박자
𝅗𝅥 2분음표 2박자
𝄽 4분쉼표 1박자 쉰다

▶▶P_74

두 꺼 비

이 노랫말과 연상하여 무엇이 그려지나요?
지금 여기에서 내 삶의 일부분이 될 수 있기를… (내 마음의 정서는…?)

전래동요

- 경기지방을 중심으로 전국적으로 퍼져 있는 동요로, 모래밭에서 모래장난을 하면서 노래하는 놀이로, '동물요'라고 불린다.
- 해변가 모래밭에서 왼손을 파묻고 오른손으로 모래를 끌어모아 올리면서 그 위를 두드리며 이 노래를 부른다.
- 노래가 끝나거나 왼손 위의 모래가 튼튼해졌다고 판단되면 왼손을 살그머니 모래에서 빼면 모래집이 지어지기도 하고 무너지기도 하는데 모래집이 지어졌을 때의 흐뭇함을 느낄 수 있다.
- 모래놀이를 통해서 조절능력과 소근육·대근육활동을 할 수 있는 기회를 제공할 수 있다.

Moderato(보통빠르기)로 노래 부른다.

사용된 코드

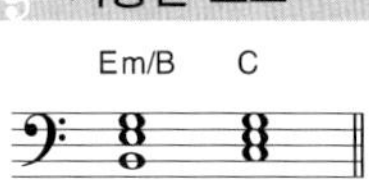

사용된 음표와 쉼표

♪ 8분음표 반박자
♩ 4분음표 1박자

▶▶P_75

대문놀이

이 노랫말과 연상하여 무엇이 그려지나요?
지금 여기에서 내 삶의 일부분이 될 수 있기를… (내 마음의 정서는…?)

전래동요

전라도 지방이 중심이나 전국적으로 퍼져 있고 손으로 만든 문을 통과하면서 잡힐까 봐 조마조마하는 '놀이요'이다.

이 전래동요는 어린이들을 두 편으로 나눌 때 부르기도 하고 술래를 뽑을 때 부르기도 하며 제일 마지막까지 잡히지 않은 어린이를 술래 또는 임금님으로 뽑기도 하며 자기 지역의 지명을 대신 넣어 부르게 함으로써 지명을 익히는 데 효과적인 놀이전래동요이다.

♩. = 90-95 메트롬 ♩.(점4분음표)를 1분에 90-95 빠르기 정도로 연주한다.
𝄆 𝄇(도돌이표): 다시 한 번 반복해서 연주한다.

사용된 코드

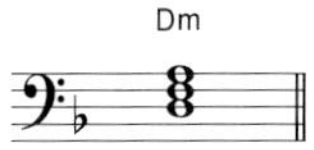

사용된 음표와 쉼표

♪ 8분음표 1박자
♩ 4분음표 2박자
♩. 점4분음표 3박자
𝄾 8분쉼표 1박자 쉰다

▶P_76

맹 꽁

이 노랫말과 연상하여 무엇이 그려지나요?
지금 여기에서 내 삶의 일부분이 될 수 있기를··· (내 마음의 정서는···?)

전래동요

- 맹꽁이 소리를 흉내 내면서 부르는 노래로 유아들을 두 편으로 나누어 서로 묻고 대답하는 형식이다.
- 노랫말처럼 언어를 주된 수단으로 하며 반대말 어휘를 넣어서 노래할 수 있어 어휘발달을 도울 수 있다.

사용된 코드

사용된 음표와 쉼표

♪ 8분음표 반박자
♩ 4분음표 1박자

▶▶ P_77

앞니 빠진 중강새

이 노랫말과 연상하여 무엇이 그려지나요?
지금 여기에서 내 삶의 일부분이 될 수 있기를… (내 마음의 정서는…?)

전래동요

- 경기도 지방에서 불린 전래동요이다. 앞니가 빠진 어린이를 놀리면서 부르는 노래로 서정적이므로 '서정요'라고 한다.
- 대개는 어린이를 놀려대는 동요이고, 놀림받은 어린이가 앞니를 보이지 않으려고 억지로 입을 다물고 있고, 친구들은 웃기게 하려고 노력하는 모습이 장난스럽고 귀엽다. 단, 너무 오래 부르면서 놀리면 앞니 빠진 아이들이 울 수 있으므로 조심해야 한다.

♩. = 85-95 메트롬 1분에 ♩.(점4분음표)를 85-95 정도의 빠르기로 연주한다.
$\frac{6}{8}$(8분의 6박자)이므로 ♪(8분음표)를 1박자로 연주한다.

사용된 코드

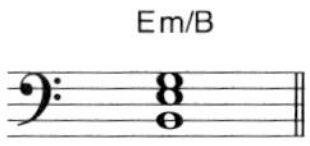

사용된 음표와 쉼표

- ♪ 8분음표 1박자
- ♩ 4분음표 2박자
- 𝄾 8분쉼표 1박자 쉰다

▶▶ P_78

남생아 놀아라

이 노랫말과 연상하여 무엇이 그려지나요?
지금 여기에서 내 삶의 일부분이 될 수 있기를… (내 마음의 정서는…?)

전래동요

남생이는 거북이와 비슷하게 생긴 짐승으로, 노랫말이 쉬우므로 돌림노래로 불러 보도록 한다.

$\frac{6}{8}$(8분의 6박자)이므로 ♪(8분음표)를 1박자로 부르는데, 이 곡은 빠른 계통의 노래이므로 ♩.(점4분음표)를 1박자로 연주한다.

* 이음줄 : 부드럽게 이어서 연주

사용된 코드

사용된 음표와 쉼표

♪ 8분음표 반의반박자
♩ 4분음표 반박자반
♩. 점4분음표 1박자

▶▶ P_79

둥개 둥개 둥개야

이 노랫말과 연상하여 무엇이 그려지나요?
지금 여기에서 내 삶의 일부분이 될 수 있기를… (내 마음의 정서는…?)

전래동요

- 경기도, 충정도를 비롯하여 전국에 퍼져 있는 노래로, 어린 애기를 상하로 추스르거나 또는 토닥토닥 두드려 주면서 부르는 노래로, '애무요(愛撫謠)'라 한다.
- 애기가 귀여워서 동물의 애칭을 붙여가며 노래하는 옛날 할아버지, 할머니의 넉넉한 웃는 모습이 연상되며 자장가의 느낌이 이어지는 전래동요이다.

♩. = 80-96 메트롬 1분에 ♩.(점4분음표)를 80-96 빠르기로 연주한다.
$\frac{6}{8}$(8분의 6박자)이므로 ♪(8분음표)를 1박자로 연주한다.

사용된 코드

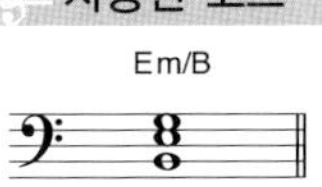

사용된 음표와 쉼표

♪ 8분음표 1박자
♩ 4분음표 2박자
𝄾 8분쉼표 1박자 쉰다

피아노와 함께한 매력적인 만남의 여정 되돌아보기

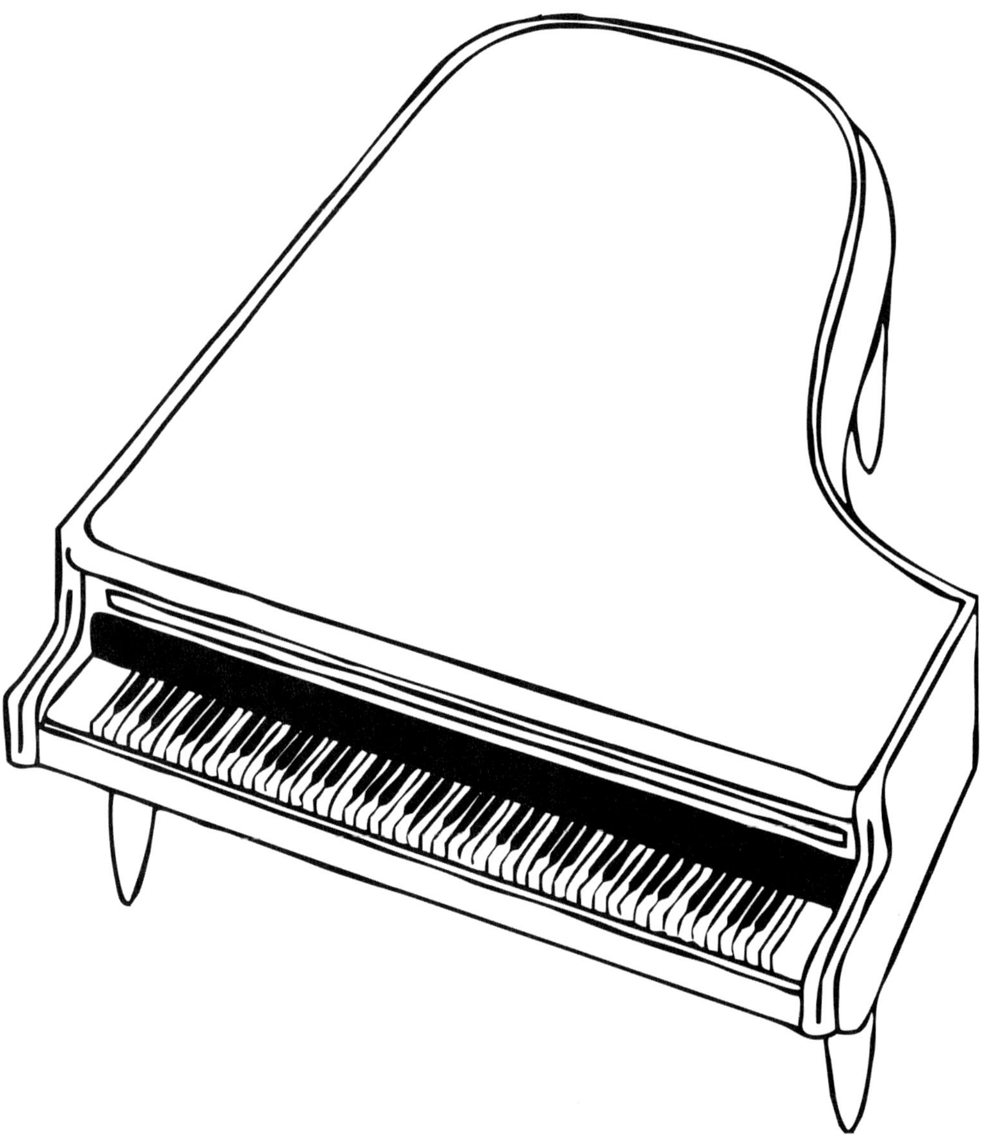

■ MEMO ■

■ MEMO ■

chapter 02

음악과의 만남

I Love Music!

1. 음악 기초 이론

1) 음악의 3요소

리듬(Rhythm)

리듬이란 음이 길고 짧은 음과 셈여림이 시간적으로 결합된 것을 말한다.

멜로디(Melody)

멜로디, 즉 가락이란 음이 높고 낮은 음과 길고 짧은 음의 연속에다 리듬의 요소가 더해진 것이다. 그러므로 멜로디는 인간의 감정을 나타내는 중요한 음악적 표현 수단이 된다.

화성(Harmony)

하모니, 즉 화성이란 높이가 다른 두 개의 음이 동시에 울리는 상태이며, 멜로디의 배후에서 음 빛깔의 효과를 내는 구실을 하여 음악의 폭을 넓고 깊게 해 준다.

2) 음악의 분류

작곡(Composition)

작곡이란 음악의 기본 소재인 소리를 가지고 어울리는 소리 형식에 맞추어 작곡가의 생각과 감정을 표현하는 예술적 기술을 말한다.

연주(Performance)

연주란 작곡된 음악적 내용을 작곡자인 자신의 예술성과 함께 실제의 음으로 표현하여 감상자에게 전달하는 기술을 말한다.

감상(Appreciation)

감상이란 음악을 듣고 음악 작품 속에 담겨진 음악의 아름다움을 느끼어 음악에 대한 지적 이해를 높이는 것이다.

음악은 인간 감정의 진지한 표현이다. 음표와 음악의 구조는 마음의 언어를 전달한다.
– 요한 포르켈

3) 보표의 종류

작은보표(보표)

악보에서 음의 높낮이를 나타내기 위하여 다섯 개의 평행선을 사용하는데, 이것을 보표, 또는 오선이라 한다. 오선에 음자리표를 그려 주면 보표가 된다. 또한 오선이나 보표에 음을 다 그릴 수 없을 때는 다섯 줄의 위, 아래에 덧줄을 그어 사용한다.

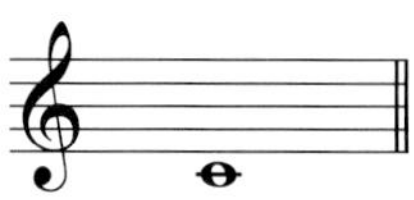
가온다
〈높은음자리표 보표〉

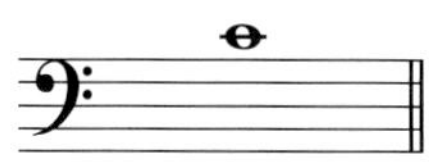
가온다
〈낮은음자리표 보표〉

가온다
〈가온음자리표 보표〉

큰보표

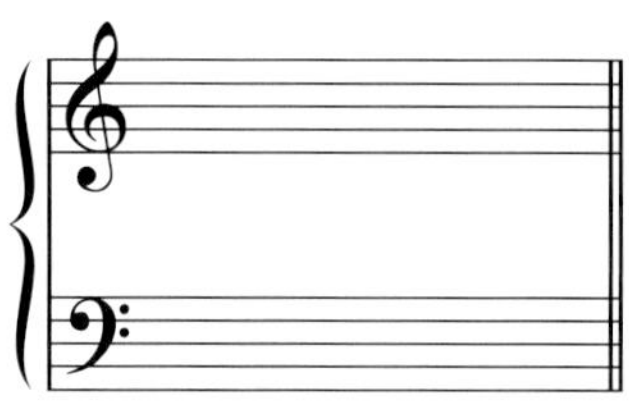

피아노와 오르간 같은 건반 악기에서 높은음자리표와 낮은음자리표를 세로줄로 묶어 사용할 때 이를 **큰보표**라고 한다. 피아노나 오르간에서 대개 높은음자리 보표는 오른손으로, 낮은음자리 보표는 왼손으로 연주하며, 혼성합창일 때는 높은음자리표는 여성이, 낮은음자리표는 남성이 담당한다.

모음보표(score)

〈현악 4중주곡〉

여러 가지 악기의 합주, 여러 성부로 된 합창 또는 중창 등에서 각 파트를 각각 다른 보표에 기록하여 한꺼번에 볼 수 있도록 하나로 묶고 종합적인 보표로 묶은 것을 **모음보표**라고 한다. 피아노3중주, 피아노4중주, 목관5중주 등에 사용된다. 성악에서는 소프라노, 알토, 테너, 베이스, 반주부의 음역순으로 위로부터 배열하며, 오케스트라 모음악보에서는 위로부터 목관악기(피콜로, 플루우트, 오보에, 틀라리넷, 파곳), 금관악기(호른, 트럼펫, 트럼본, 튜바), 타악기, 독주악기, 현악기(제1바이올린, 제2바이올린, 비올라, 첼로, 콘트라베이스)의 순으로 적는다. 각 악기군은 고음악기부터 저음악기순으로 적는다.

4) 음표와 쉼표

음표는 음의 길이와 고저를 나타내기 위한 표이고, 쉼표는 쉬는 길이를 나타내기 위한 표이다.

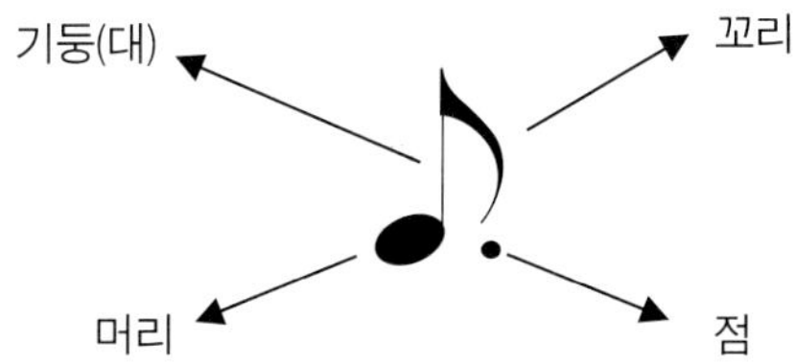

음표 그리는 순서

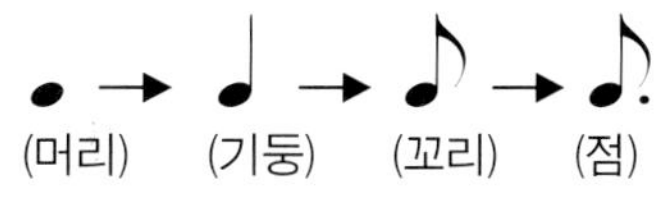

민음표		길이(♩를 기준으로)	민쉼표	
이름	모양		모양	이름
온음표	𝅝	‖——‖——‖——‖ ——‖ (4박)	𝄻	온쉼표
2분음표	𝅗𝅥	‖——‖——‖ (2박)	𝄼	2분쉼표
4분음표	♩	‖——‖ (1박)	𝄽	4분쉼표
8분음표	♪	‖—‖ (1/2박)	𝄾	8분쉼표
16분음표	𝅘𝅥𝅯	‖–‖ (1/4박)	𝄿	16분쉼표
32분음표	𝅘𝅥𝅰	‖·‖ (1/8박)	𝅀	32분쉼표

점음표		점쉼표	
점온음표	𝅝. = 𝅝 + 𝅗𝅥	점온쉼표	𝄻. = 𝄻 + 𝄼
점2분음표	𝅗𝅥. = 𝅗𝅥 + ♩	점2분쉼표	𝄼. = 𝄼 + 𝄽
점4분음표	♩. = ♩ + ♪	점4분쉼표	𝄽. = 𝄽 + 𝄾
점8분음표	♪. = ♪ + 𝅘𝅥𝅯	점8분쉼표	𝄾. = 𝄾 + 𝄿

한 개의 점을 가진 음표와 쉼표를 점음표와 점쉼표라고 하며, 점은 원음표와 쉼표의 길이의 반이다.

5) 세로줄(Bar line)과 마디(Mesure)

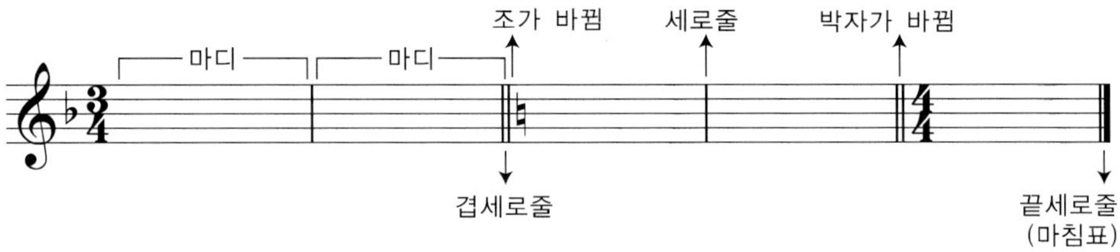

6) 박 자

음악적 시간을 구성하는 기본적 단위, 셈여림이 일정한 시간에 따라 규칙적으로 반복되는 것을 말한다.

박자의 종류

- 홑박자 : 모든 박자의 기본이 되는 박자(2박자, 3박자, 4박자)
- 겹박자 : 홑박자였던 박자의 각 박이 제각기 3개의 소단위로 나눠진 박자 (6박자, 9박자, 12박자)
- 혼합박자 : 서로 다른 홑박자가 혼합하여 된 박자(5박자, 7박자)

박자표

박자를 나타내기 위해 곡의 첫머리에 있는 2/4, 3/4, 4/4 등의 숫자를 말한다.

박자를 젓는 법

마디 안에 있는 곡의 셈여림과 곡조의 빠르고 느림을 손 또는 지휘봉으로 젓는 방법을 말한다.

〈2박자〉	〈3박자〉	〈4박자〉	〈6박자〉

메트로놈

빠르기를 정확하게 나타내기 위한 기계.

메트로놈을 그의 이름 머리글자를 따서 M.M이라고 부른다. M.M ♩ = 90이 뜻은 1분 동안 ♩를 90번 연주하라는 것으로, 빠르기를 나타내는 표이다. Moderato(보통 빠르기) 속도로 84~92 정도의 빠르기를 나타낸다.

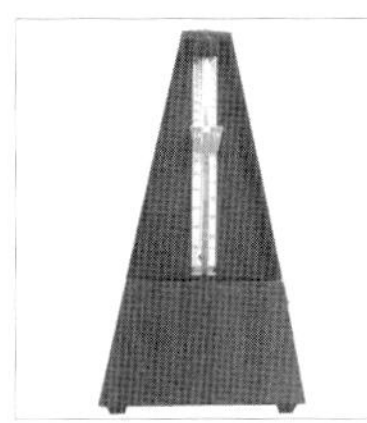

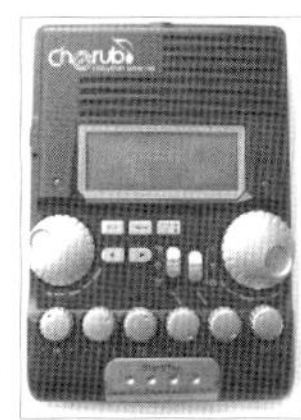

7) 갖춘마디와 못갖춘마디

갖춘마디

박자를 다 갖춘마디로 시작하여 완전한 박자로 끝나는 악곡을 말한다. 갖춘마디로 시작할 경우, 센 박으로 시작되고 센내기곡이라고 한다.

못갖춘마디

박자를 다 갖추지 못한 마디로 시작하여 완전하지 못한 박자로 끝나는 악곡을 말한다. 첫마디와 끝마디를 합하여 완전한 한 마디가 되며, 여린 박으로 시작되고 여린내기곡이라고 한다.

2. 아티큘레이션

1) 아티큘레이션 I

레가토

레가토는 '이어가다, 관계를 맺다'라는 의미로, 음과 음을 연결하여 음과 음 사이가 끊어지지 않도록 부드럽게 연주하라는 것을 의미한다.

이음줄

이음줄은 높이가 다른 2개의 음을 곡선으로 연결한 것으로, 음과 음 사이를 부드럽게 연결시켜 연주하라는 것을 의미한다.

붙임줄

붙임줄은 높이가 같은 두 개의 음을 곡선으로 연결시킨 것으로, 붙임줄로 이어진 두 개의 음은 한 음처럼 연주하여야 하기 때문에 당김음에 많이 쓰인다.

〈표시〉

〈실제 연주〉

스타카토

스타카토는 레카토의 반대 주법으로, 음을 짧게 끊어서 연주하라는 것을 의미한다(스타카토는 그 음표의 1/2, 스타카티시모는 1/4, 메조스타카토는 3/4로 연주).

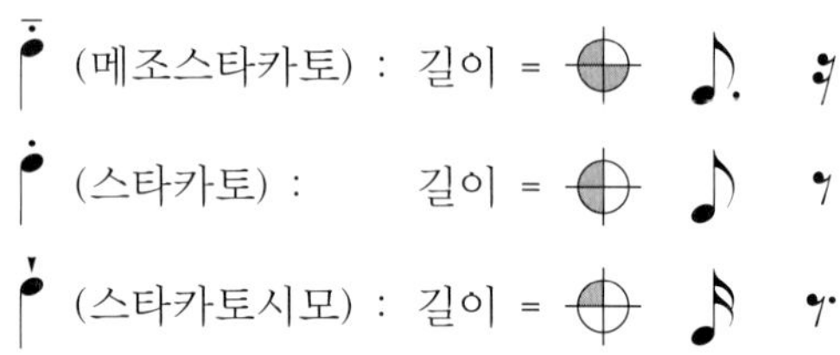

테누토 𝅘𝅥

테누토는 '그음을 지속하여'라는 뜻으로, 그 음표가 나타내는 길이를 충분히 연주하라는 것을 의미한다.

2) 아티큘레이션 II

당김음 리듬(Syncopation)

강박과 약박의 세기가 바뀌는 음이다.

- 여린박의 음이 센박의 음보다 길 때의 당김음
- 붙임줄에 의한 당김음
- 쉼표에 의한 당김음
- 악센트(〈)에 의한 당김음

페르마타(Fermata)

늘임표(𝄐) 음표나 쉼표의 2~3배 정도 늘여서 연주한다. 겹세로줄(𝄐‖) 위에 붙으면 곡을 끝낸다는 마침표로 쓰인다.

반복 기호

- 도돌이표(𝄆 𝄇) : 𝄆 𝄇 사이를 두 번 반복한다는 뜻이다.
- 다카포(*D.C.*)와 피네(*Fine*) : *D.C.*(Da Capo)는 다카포의 약자로, '처음부터'의 뜻이다. 이 표는 처음으로 돌아가서 *Fine*(피네) 또는 ‖(겹세로줄) 위 𝄐(늘임표)가 있는 곳에서 곡을 마친다는 뜻이다.
- 달세뇨(*D.S.*)와 세뇨(𝄋) : *D.S.*(Dal Segno)는 달세뇨의 약자로, '𝄋(세뇨)로부터'의 뜻이다. 𝄋(세뇨)가 붙은 곳으로 되돌아가서 *Fine*(피네) 또는 겹세로줄(‖) 위 𝄐(늘임표)가 있는 곳에서 곡을 마치라는 뜻이다.
- 비데(⊕) : 반복할 때는 비데(⊕)와 비데(⊕) 사이를 생략한다는 뜻이다.

음악은 세계 공통어이다.

—John Wilson, Octres Ambrosiamoe / J. 윌슨 <神命의 밤>

3. 변화표

변화표

원음을 그대로 둔 채 반음 올리거나 내릴 때 쓰는 표를 말한다.

- 올림표 ♯ ········ 반음 올리는 표
- 내림표 ♭ ········ 반음 내리는 표
- 제자리표 ♮ ········ 변화된 음을 제자리로 돌리는 표
- 겹올림표 ♯♯ ········ ♯(올림표)의 음을 반음 더 올리는 표
- 겹내림표 ♭♭ ········ ♭(내림표)의 음을 반음 더 내리는 표

변화표의 효과

조표로 쓰일 때

옥타브에 관계없이 조표가 붙은 음표와 음이름이 같은 음에는 모두 효력이 있다.

임시표로 쓰일 때

- 임시표가 붙은 그 마디 안에서 해당 음표에만 효력이 있다.
- 임시표는 한 옥타브 위 또는 아래의 같은 이름의 음에는 효력이 없다.
- 임시표는 그 마디를 넘어서는 효력이 없지만 붙임줄로서 그 마디 밖의 음과 연결시켰을 때 연결된 음의 효력이 있지만 연결되지 않은 그 다음 음은 같은 마디 안에서라도 효력이 없다.

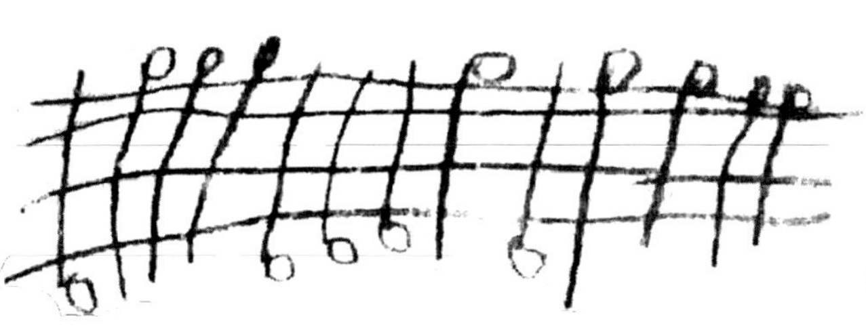

4. 악곡의 형식

음악은 가락, 리듬 화성으로 구성되어
이러한 음악적 요소들을 일정한 틀에 담아 그 의미를 전달하는 예술이다.

모든 악곡은 짧고 단순한 멜로디의 동요로부터 규모가 큰 관현악 곡에 이르기까지 일정한 형식에 의해서 작곡되는데, 이 형식을 악곡의 형식 또는 악식이라고 한다.

악곡의 구성요소

- 동기(Motive) : 동기는 악곡 구성의 가장 작은 단위로 보통 2마디로 구성
- 작은악절(Phrase) : 두 개의 동기가 모여 작은악절을 이루며 보통 4마디로 구성
- 큰악절(Period) : 두 개의 작은악절이 모여 큰악절을 이루며 보통 8마디로 구성
- 한 도막 형식
  - 악곡 중에서 규모가 가장 작은 형식이다.
  - 동요에는 한 도막 형식으로 된 것이 많다.
  - 한 도막 형식은 8마디로 이루어진다.
- 두 도막 형식
  - 두 개의 큰악절, 즉 16마디로 이루어지는 것을 두 도막 형식이라고 한다. 주로 동요곡에 많이 쓰인다.
  - 전체적인 곡조의 통일을 이루면서 끝내게 된다.
  - 다른 두 도막 형식의 가락을 살펴보면, 먼저 한 개의 큰악절 A가 제시되고 뒤이어 대조적인 큰악절 B가 뒤따른다.
- 세도막 형식
  - 세 개의 큰악절(24마디)로 이루어졌으며, 단순 가요 형식의 가장 이상적인 형태이다.
  - 큰악절을 한 단위로 하여 하나의 큰악절(A)에 대해서 대조적인 큰악절(B)이 이루어지고 다시 처음의 주제로 돌아와 A또는 A′로 전체적인 안정감과 통일감을 주는 큰악절로 이루어져 있다.
  - 일명 다카포 형식이라 하며, 가요 형식이라고도 한다.

작은 세도막 형식

- 세 개의 작은악절, 즉 12마디로 이루어져 있는 악곡 형식이다.
- 세도막 형식의 세 부분은 작은악절(4마디)을 한 단위로 하여 A, B, A′로 구성되어 있는 것이 보통이지만 경우에 따라서는 A, B, C로 구성될 수도 있다.

5. 음 계

음계란 어떤 음을 으뜸음(제1음)으로 하여 일정한 규칙에 따라 음 높이를 차례대로 늘어놓은 것을 말한다. 그 질서의 배열에 따라 장음계와 단음계가 형성된다.

장음계

어떤 음을 기준으로 1옥타브 배열했을 때 3－4음 사이와, 7－8음 사이가 반음이고 나머지 음 사이는 온음 간격으로 구성된 음계를 말하며, 어느 음에서 시작하든 이 배열의 순서는 변하지 않는다.

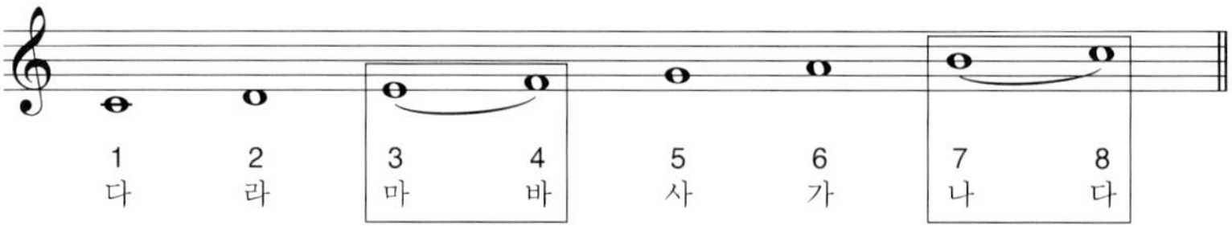

단음계

어떤 음을 기준으로 1옥타브 배열했을 때 2－3음과 5－6음 사이가 반음이고 나머지는 온음 간격으로 구성된 음계를 말하며, 그 배열에 따라 다음과 같이 자연단음계, 화성단음계, 가락단음계의 세 가지로 나눈다.

자연단음계

음의 배열이 2－3음 사이와 5－6음 사이가 반음이고 나머지 음 사이는 온음으로 된 단음계이다.

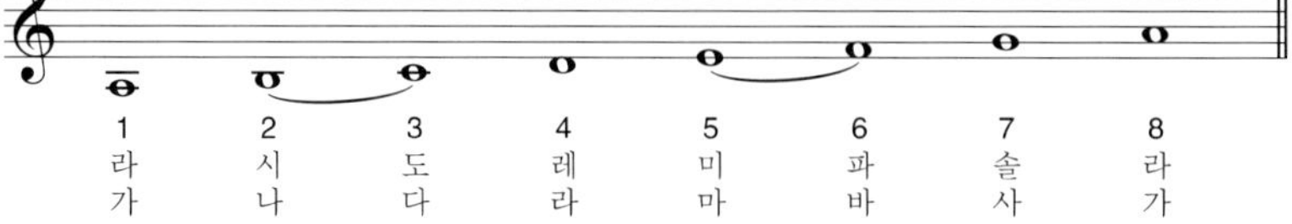

화성단음계

제7음을 반음 높여서 2–3, 5–6, 7–8이 반음, 6–7은 온음 반이고 나머지는 전부 온음으로 된 음계이다.

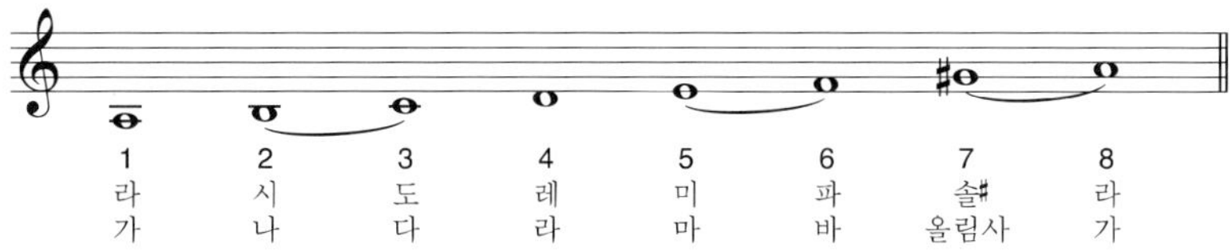

가락단음계

화성단음계는 여섯째와 일곱째 음 사이에 세 반음, 즉 증2도가 생겨서 가락의 흐름이 부자연스럽다. 그러므로 자연스러운 가락의 흐름을 얻기 위하여 여섯째 음도 반음 올리는 음계를 쓰게 되었다. 가락이 상행할 때는 이끔음이 필요하므로 제7음을 반음 올렸지만 하행할 때는 이끔음이 필요 없기 때문에 제7음을 반음을 올려 주지 않는다. 따라서 제6음도 반음 높일 필요가 없으므로 하행 때는 자연단음계와 같다.

단음계의 경우에는 위에 열거한 세 가지 단음계 중에 화성단음계를 사용하는 경우가 가장 많다.

음악을 만들어 내는 것은,
어떤 의미에서는 어린이들을 만들어 내는 것이다.
—Nietzsche, The Will to Power /
니체 <勸力에의 意志>

6. 조이름

조이름을 간단히 찾는 방법

장조

- 조표가 없을 때는 다장조이다.
- 조표가 올림표로 되어 있을 때는 마지막에 붙은 올림표 자리가 음계의 제7, 즉 이끔음에 해당하므로 그 음의 반음 위의 음이 으뜸음이 된다(즉, ♯(올림표)을 '시'음으로 보고 바로 위의 음이 으뜸음 도가 된다).
- 조표가 내림표로 되어 있을 때는 오른쪽 끝에서 두 번째의 내림표자리가 음계의 으뜸음이 된다(단 ♭(내림표)가 하나일 때는 '파'음으로 보고 4도 내려온 음이 으뜸음이 된다).

단조

- 조표가 없을 때는 가단조이다.
- 조표가 올림표로 되어 있을 때는 마지막에 붙은 올림표 자리가 그 단음계의 제2음에 해당하므로 그 음의 장2도 아래 음이 으뜸음이 된다.
- 조표가 내림표로 되어 있을 때는 마지막에 붙은 내림표자리가 음계의 제6음에 해당하므로 그 음의 장3도 위의 음이 으뜸음이 된다.

한겨레신문 발췌

7. 화음과 화성

높이가 다른 두 개 이상의 음이 동시에 울리는 것을 화음이라고 하며, 일정한 법칙에 따라서 화음이 연결된 것을 화성이라고 한다. 특히 반주를 잘하기 위해서는 멜로디에 화음을 잘 선택하여 배음으로 넣어 주어야 노래의 분위기를 살릴 수 있으며 소리의 입체감을 느끼게 할 수 있다.

3화음의 구조

- 장3화음(Major triad) = 장3도 + 완전5도
- 단3화음(Minor Trad) = 단3도 + 완전5도
- 증3화음(Augmented Triad) = 장3도 + 증5도
- 감3화음(Diminished Triad) = 단3도 + 감5도

3화음의 자리바꿈

화음의 연결을 자연스럽고 부드럽게 하기 위하여 3음의 위치를 바꿔야 할 때가 있다.

- 기본위치(밑음, 근음) : 밑음이 제일 아래에 있는 3화음의 배치로, 기본위치라고 부른다.
- 첫째자리바꿈(제1전위) : 제3음이 제일 아래에 있는 배치로, 밑음과 윗음 사이가 6도가 되기 때문에 6화음이라고 부른다.
- 둘째자리바꿈(제2전위) : 제5음이 제일 아래에 있는 배치로, 4.6화음이라고 부른다.

7화음

각 3화음에 다시 3도 간격의 음을 쌓아 동시에 울리게 하면 7화음이 만들어지는데, 밑음(근음)과 제일 윗음 간의 거리가 7도 간이기 때문에 7화음이라고 한다. 7화음 중에 V_7을 뺀 나머지 여섯 개의 7화음을 부7음이라고 한다.

7화음의 자리바꿈

- 기본위치(근음, 밑음) : 밑음이 제일 아래에 놓여 있는 배치로, 기본위치라고 부른다.
- 첫째자리바꿈(제1전위) : 3음이 제일 아래에 놓여 있는 배치로, 5.6화음이라고 부른다.
- 둘째자리바꿈(제2전위) : 5음이 제일 아래에 놓여 있는 배치로, 3.4음이라고 부른다.
- 셋째자리바꿈(제3전위) : 7음이 제일 아래에 놓여 있는 배치로, 2화음이라고 부른다.

속7화음

7개의 7화음 중에 가장 중요하고 자주 사용되는 화음은 속7화음, 즉 딸림7화음이다. 속7화음은 음계의 5도음 위에 3도씩 두 개의 음을 쌓아 올린 속3화음 위에 3도음을 하나 더 쌓아 올리면 속7화음이 된다. 속7화음의 제7음은 근음에서 7도가 되기 때문에 불협화음이다. 따라서 안정감이 없고 불안하기 때문에 안정된 협화음으로 돌아가려는 속성이 있다. 즉, 협화음으로 해결해야 한다(V 7-I).

1) 화음의 연결

화음 연결의 원칙

화음과 화음을 연결시킬 때에 화음 연결을 위한 원칙을 잘 지키면 음의 흐름이 더욱 부드럽고 자연스러우며 연주하기 편하다. 화음을 연결할 때의 유의점을 알아보도록 하자.

- 화음을 배치할 때에 베이스에 근음을 가지고 있으면, 같은 화음 안에서 위 3성부 음의 상하관계의 위치를 바꿀 수 있다.
- 두 화음에 공통음이 있는 경우에는 공통음을 같은 성부에 머물게 하고 그 밖의 음은 될 수 있는 대로 가까운 음으로 진행한다.
- 두 화음 사이에 공통음이 없는 경우에는 위의 세 소리를 베이스에 대하여 반진행시켜 될수록 가까운 위치로 보낸다.

화음의 중복과 생략

- 화음과 화음을 연결하여 사용하는 경우에 3화음의 근음, 3음, 5음 중에 어느 음을 겹치거나 빼서 사용할 수 있는데 같은 음이 겹쳐질 경우는 **중복**이라 하고, 화음 중 어떤 음이 빠질 경우는 **생략**이라 한다. 3화음으로 4성부곡을 만들 때 3화음의 세 음 중 어느 음을 겹치지 않으면 안 된다. 이럴 때는 **근음을 중복**시키는 것이 가장 좋고, 다음으로 제5음을 중복하는 것이 좋다. 그러나 제3음은 중복시키지 못 한다.
- 화음의 연결에 있어서 3화음 중에 어느 음을 생략해야 하는 경우가 있는데 이럴 경우에는 **제5음의 생략이 가장 좋으나, 근음과 제3음은 생략하지 못 한다.**

2) 화음 밖의 음(비화성음)

성부에 선율적 장식을 하기 위하여 그 선율의 화음, 구성음, 이외에 첨가되는 음이 있다. 이를 비화성음이라고 한다.

강박에 쓰이는 화음 밖의 음

- 걸림음(suspension note)

한 화음 중의 어느 음이 다음 화음까지 걸쳐서 불협화음을 만들 때, 이 음을 **걸림음**이라고 한다. 걸림음이 있기 전에 반드시 예비음이 있으며, 붙임줄로 연결되어 있다. 즉, 화음이 진행될 때는 예비, 걸림, 해결의 3단계를 거쳐야 한다.

- 전과음(바꿔지남음, changing note)

선율의 수식을 위하여 사용되는 불협화음으로, 예비음 없이 나타난 걸림음과 같다. 2도 하행 또는 2도 상행하여 해결한다.

약박에 쓰이는 화음 밖의 음

- 지남음(경과음)

화성음과 화성음 사이를 순차적으로 경과하면서 진행하는 비화성음이다.

도움음

높이가 같은 두 개의 음 사이에 있는 화음 밖의 보조음이다.

강박과 약박에 모두 사용되는 화음 밖의 음

페달음(pedal tone)

화음 진행에 관계없이 주로 그 조의 으뜸음이나 딸림음을 몇 마디 지속시킨다.

3) 화성 분석법

일반적인 화성 분석이란 음악이 가지고 있는 조성을 바탕으로 화성적으로 변화 · 발전하는 모습을 나타낸 것이다. 분석에 있어서 몇 가지 원칙이 있으며, 화성의 흐름을 되도록 간편하게 나타내기 위하여 다음과 같은 방법을 알아두어야 한다.

- 악곡의 조성을 파악하고 큰 보표 밑에 기록한다.
- Ⅰ, Ⅳ, Ⅴ, Ⅴ7 같은 화음기호로 분석 · 표시할 수 있다.
- 대부분의 곡은 시작과 끝마디에 Ⅰ도를 사용한다.
- 정격 종지(Ⅴ－Ⅰ)로 끝난다.
- 화음 밖의 음을 찾아내어 x표시를 하고 되도록 간단한 화음을 선택한다.
- 되도록 강박에 있는 음을 공통음으로 가진 화음을 선택한다.

마침꼴(cadence)

악곡을 마칠 때 그 곡이 끝났다는 느낌을 주기 위해서 이루어지는 화음 진행의 형을 마침꼴이라고 한다. 또 악곡의 도중에서 곡이 잠시 머물거나 쉴 때도 마침꼴을 쓴다.

바른마침(정격종지, VI)

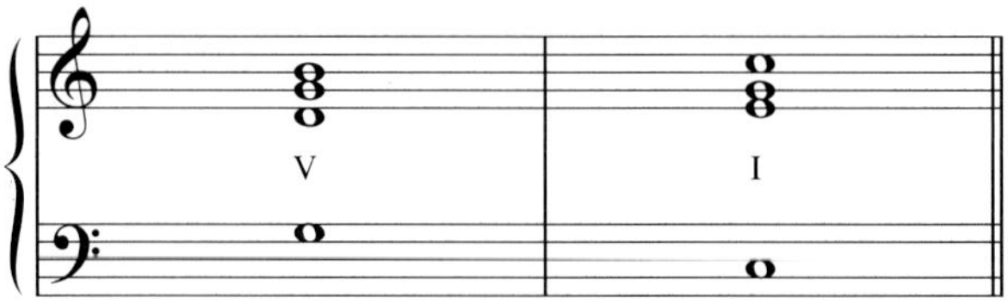

Ⅴ도 또는 Ⅴ7을 거쳐서 Ⅰ도로 끝나는 마침법으로, 마침법의 기본형이라고 할 수 있는데 Ⅰ－Ⅳ－Ⅴ－Ⅰ로 진행되는 경우가 많다.

바른마침에는 갖춘 바른마침꼴과 못 갖춘 바른마침꼴이 있는데, 다음과 같은 차이가 있다.

- **갖춘 바른마침** : Ⅴ(Ⅴ7)에서 Ⅰ의 원형으로 곡을 끝맺을 때, 소프라노가 근음(밑음)으로 되어 있는 것을 말한다.
- **못 갖춘 바른마침** : Ⅴ나 Ⅰ도 중에, 어느 한쪽이 자리바꿈된 경우, 또는 소프라노에 3음이나 5음이 놓여 있는 경우를 말한다.

벗어난 마침

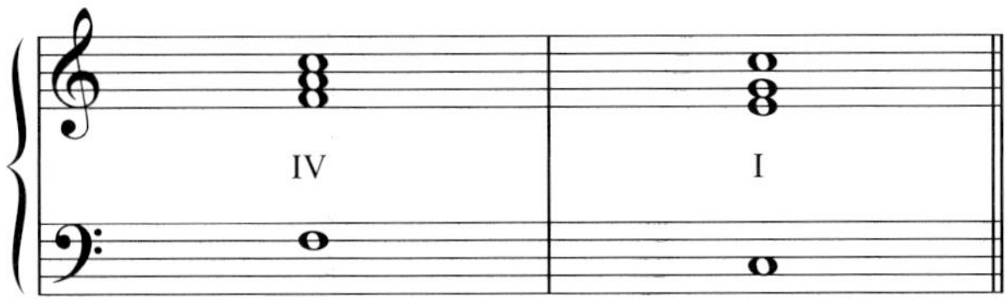

Ⅳ－Ⅰ로 끝내며 대개의 경우 찬송가의 끝부분에 사용되므로 아멘종지라고도 부르는데, 곡의 중간마침에도 쓰인다.

반 마침

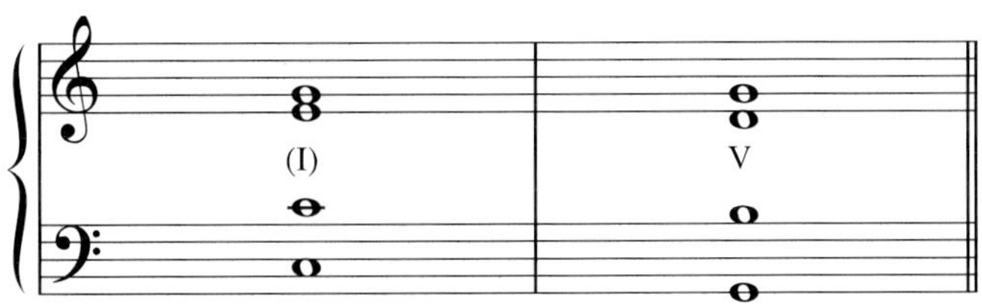

Ⅳ－Ⅴ로 또는 Ⅳ－Ⅴ7으로 마치며, 대부분 곡의 마지막에 쓰이기보다는 곡의 중간에 쓰여서 다음 악절과 연결되어야 한다.

노래를 부르기를 스스로 즐거워하기 전에는
노래를 부르는 사람은 그대를 기쁘게 해 줄 수가 없다. -칼릴 지브란

8. 코 드

1) 기본 코드

Major Chord(메이저 코드)

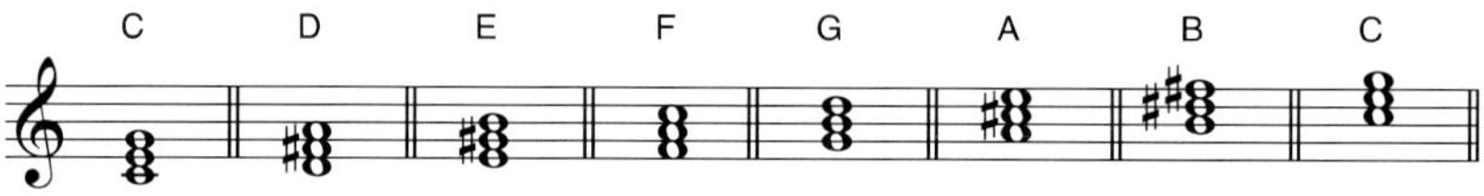

각 계이름 으뜸음을 기준으로, 즉 1음, 3음, 5음이 쌓아서 메이저 코드가 된다. 미-파, 시-도가 반음인 경우가 있으므로 ♯(올림표) 넣어 온음이 되게 해 준다. D, E, A, B코드에서 작용이 일어나 3음에 ♯(샾)을 해 주면 메이저 코드가 된다.

Minor Chord(마이너 코드)

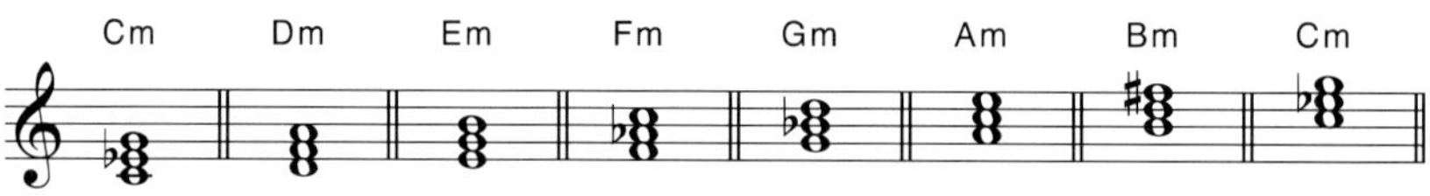

메이저 코드에서 가운데음, 즉 3음을 무조건 반음 내려 주면 마이너 코드가 된다. 스몰 엠(small m)을 붙여 주어 Cm(씨마이너)라고 읽는다.

Major Seven Chord(메이저 세븐 코드)

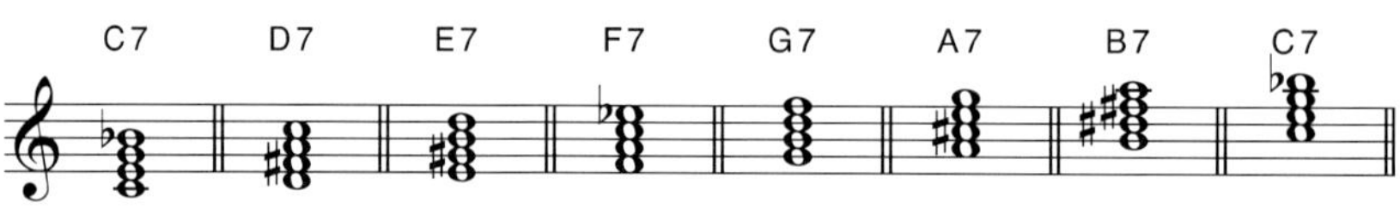

메이저 코드에서 7번째 음을 추가하면 메이저 세븐 코드가 된다. 단, 7음이 시, 미로 끝나는 음을 반음 내려 주면 메이저 세븐 코드가 되는 경우는 C7, F7 두 가지가 있다.

Minor Seven Chord(마이너 세븐 코드)

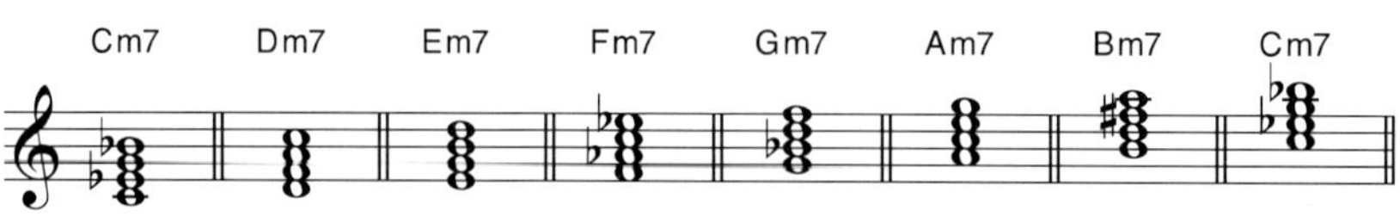

마이너 코드에서 7번째 음을 추가하면 마이너 세븐 코드가 된다. 7음이 시, 미로 끝나는 음을 반음 내려 주면 마이너 세븐 코드가 되는 경우는 Cm7, Fm7 두 가지가 있다.

2) 조성별 코드표

C(다장조)

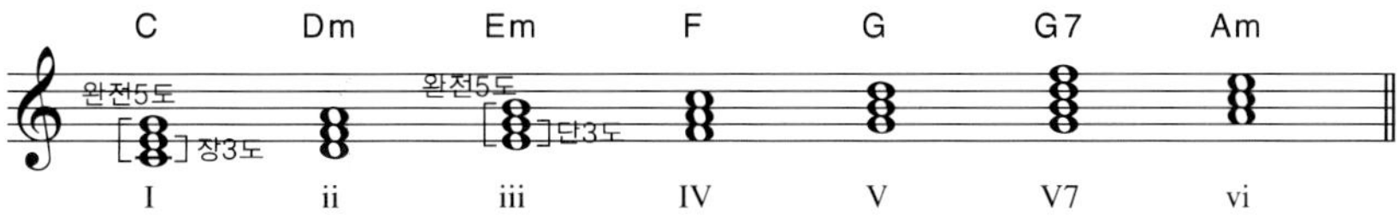

C, F, G : 주 3화음 코드
Dm, Em, Am : 부 3화음 코드

F(바장조)

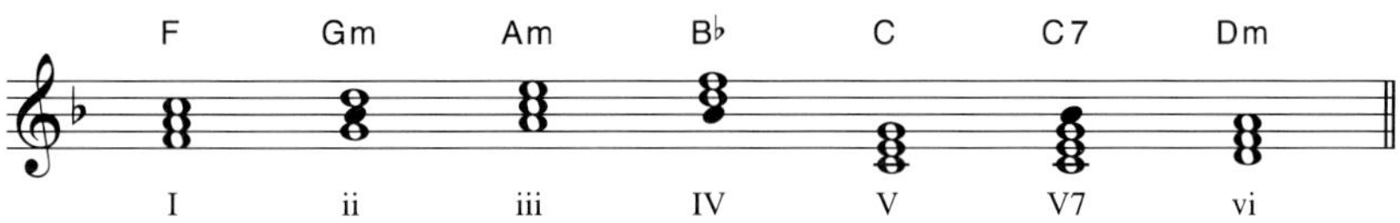

F, B♭, C : 주 3화음 코드
Cm, Am, Cm : 부 3화음 코드

G(사장조)

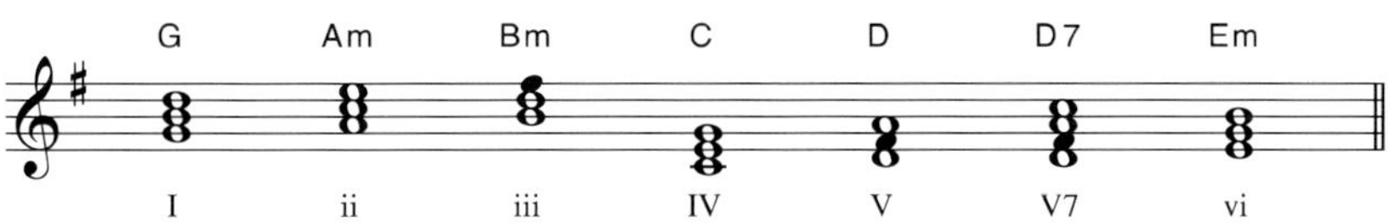

G, C, D : 주 3화음 코드
Am, Bm, Em : 부 3화음 코드

B♭(내림나장조)

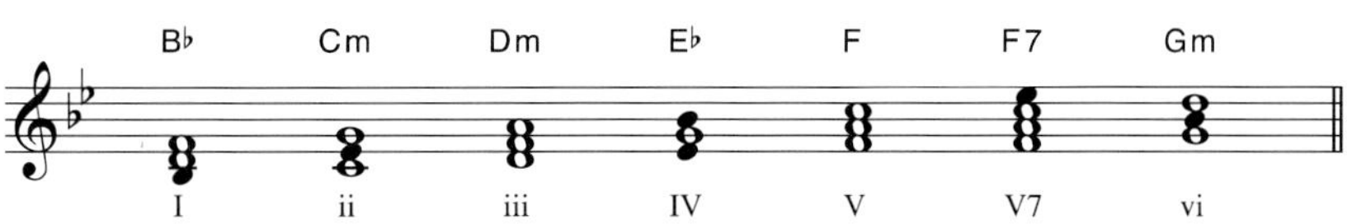

B♭, E♭, F : 주 3화음 코드
Cm, Dm, Gm : 부 3화음 코드

D(라장조)

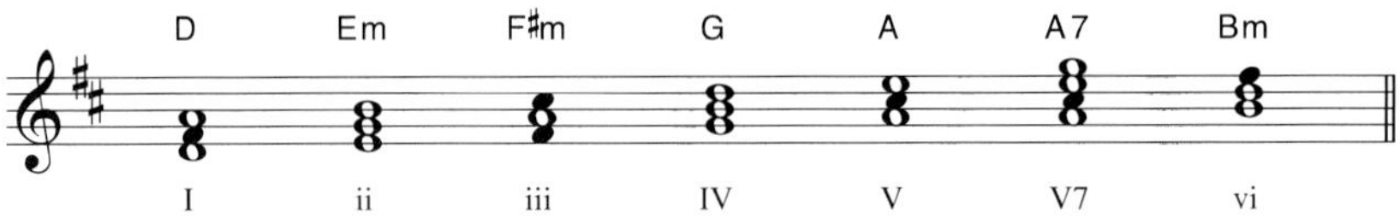

D, G, A : 주 3화음 코드

Em, F♯m, Bm : 부 3화음 코드

E♭(내림마장조)

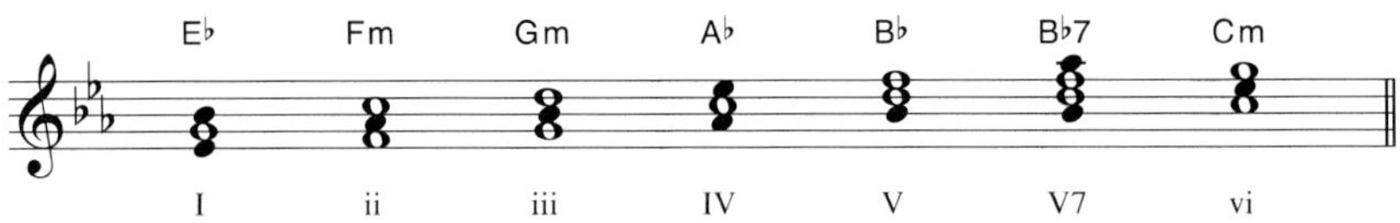

E♭, A♭, B♭ : 주 3화음 코드

Fm, Gm, Cm : 부 3화음 코드

A(가장조)

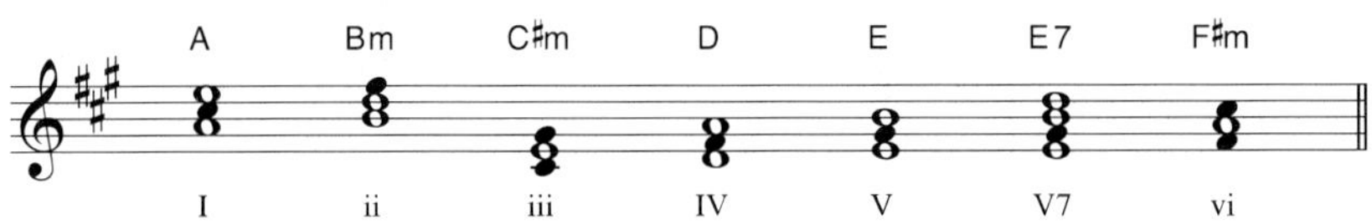

A, D, E : 주 3화음 코드

Bm, C♯m, F♯m : 부 3화음 코드

A♭(내림가장조)

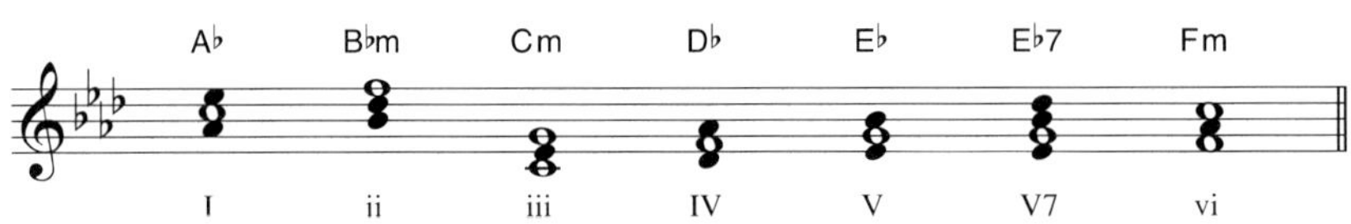

A♭, D♭, E♭ : 주 3화음 코드

B♭m, Cm, Fm : 부 3화음 코드

E(마장조)

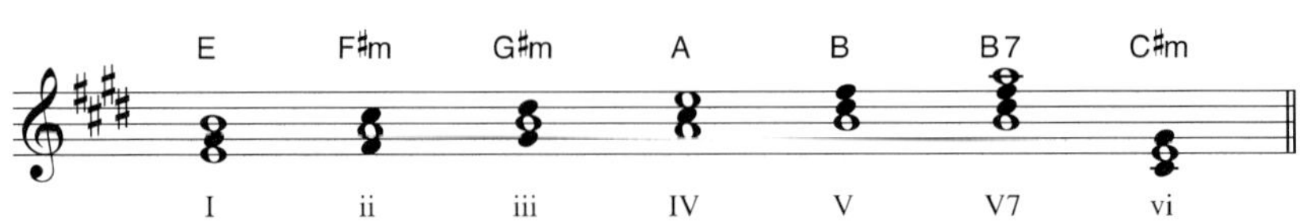

E, A, B : 주 3화음 코드

F♯m, G♯m, C♯m : 부 3화음 코드

3) 코드표(코드와 자리바꿈기호)

C장조 주 3화음 코드의 자리바꿈

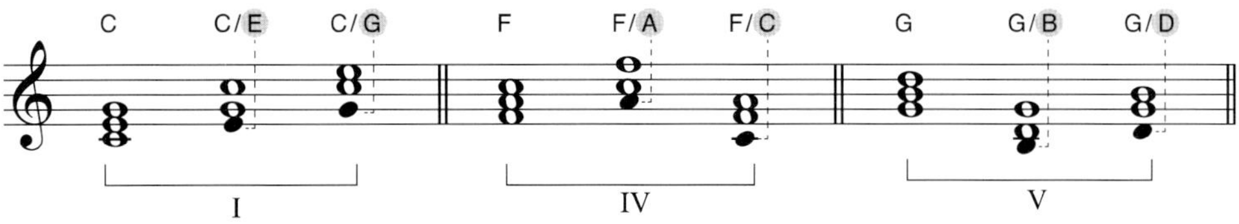

위와 같이 각 조의 코드는 자리바꿈을 할 수 있으며 자리가 바뀔 때에는 코드 기호가 /bass음으로 바뀝니다.

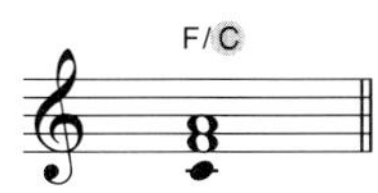

+ 왼손 반주의 도약을 줄이기 위해 자리바꿈을 적절히 사용합니다.
+ 실제 반주 시에는 한 옥타브 내려가서 반주를 합니다.

* 코드의 자리바꿈은 피아노 반주시 적용되며, 우쿨렐레 연주 시에는 bass음과 상관없이 원래 코드를 잡아서 연주한다.

다장조

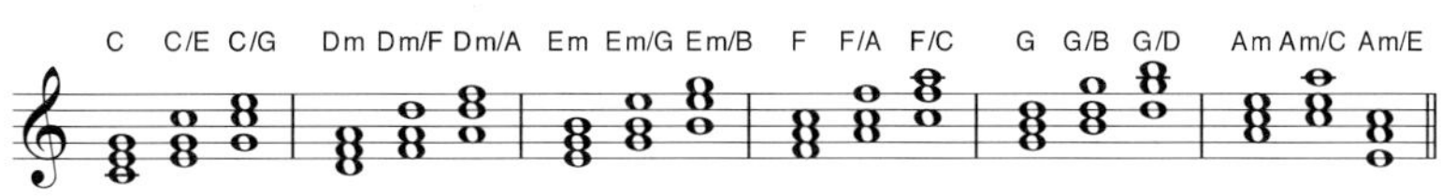

바장조

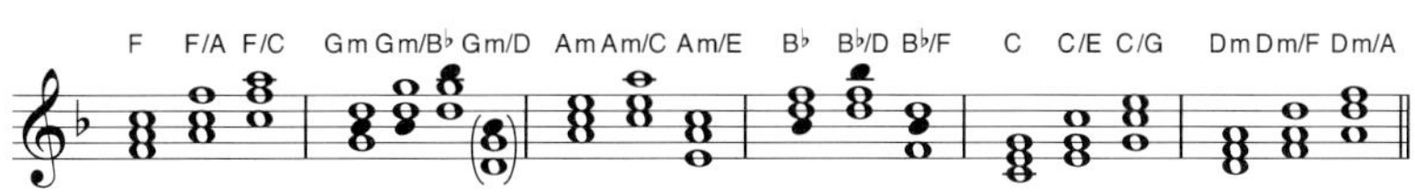

사장조

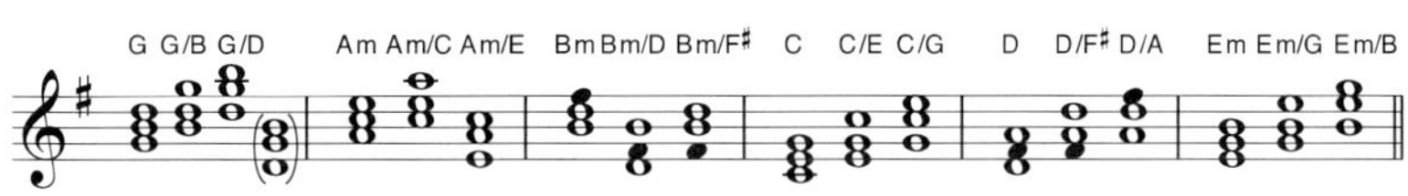

내림나장조

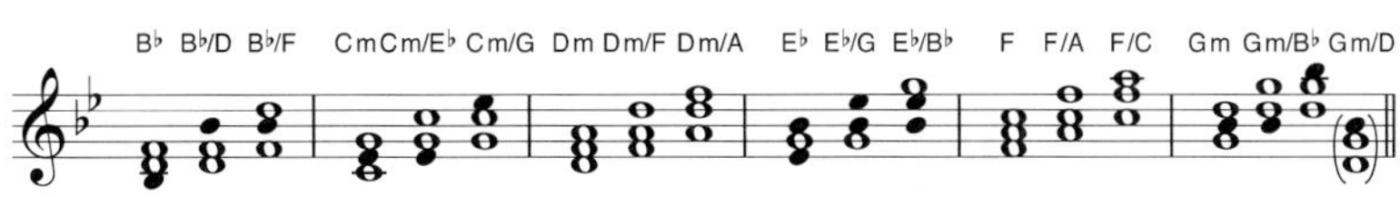

라장조

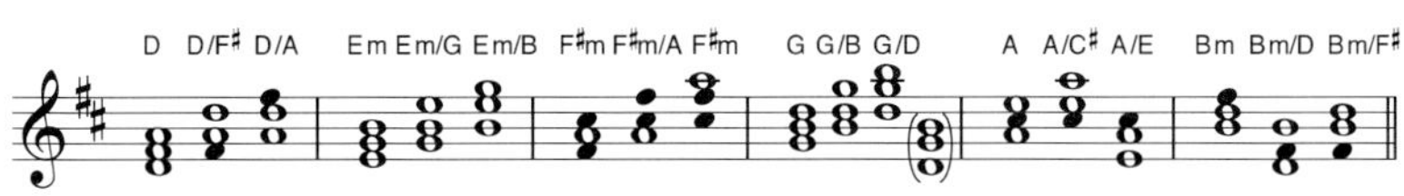

I	ii	iii	IV	V	vi
장3화음	단3화음	단3화음	장3화음	장3화음	단3화음
으뜸화음			버금딸림화음	딸림화음	

+ Seven chord(세븐 코드)는 앞 조성표에 제시되었다.

* 우쿨렐레 연주 시에는 자리바꿈을 사용하지 않으며 노래 중에 혹시 자리바꿈 코드가 있을 경우에는 원래의 코드로 연주한다.

ex〉 E/Ⓖ → E, F/Ⓒ → F

Ⓖ, Ⓒ는 자리바꿈이므로 무시한다.

들리는 음악은 아름답지만
들리지 않는 음악은 더욱 아름답다.
-존 키츠

음악과 화음의 여정 되돌아보기

■ MEMO ■

chapter 03

우쿨렐레와의 만남

I Love Ukulele!

나의
꿈과 비전

모든 노래에서, 첫만남의 설렘으로, 이 노랫말과 연상하여 무엇이 그려지나요?
지금 여기에서 내 삶의 일부분이 될 수 있기를….

(내 마음의 정서는…?)

이제… 나만의 매력적인 노래로!

1. 우쿨렐레

우쿨렐레는 음악의 민주화를 이루었다고들 한다.
누구나 비싸지 않고 손쉽게 배울 수 있는
우쿨렐레를 연주하며 음악가가 될 수 있기 때문이다.

우쿨렐레는 이 세상 어느 악기보다 가장 행복한 소리를 낸다.
테일러 스위프트(컨트리 가수)

음악은 어렵고, 특정 계층의 전유물이며, 비용이 많이 든다는 편견을 깰 수 있는 것이 우쿨렐레다. 음악이 있는 이유는 힘든 삶을 위로하기 때문이다.
음악은 모든 이를 위한 것이며, 우쿨렐레는 그 점을 실감할 수 있는 악기다.
김창수(한국우쿨렐레음악협회 회장)

우쿨렐레의 가장 큰 매력은 '자기를 위한 음악을 연주할 수 있다는 것'이다.
음악을 직업으로 할 때 받는 스트레스가 우쿨렐레를 연주하면 스르르 사라진다.
김상철(유크메니아 대표)

우쿨렐레는 DIY(Do It Yourself)시대의 시대정신을 담은 악기이다.
어맨다 파머(음악가, 가수)

우쿨렐레는 스마트폰과 같다.
스마트폰이 언제 어디서든 혼자서 자기만의 시간과 세계를 만드는 것처럼 우쿨렐레도 그렇다.
우쿨렐레는 기타처럼 꺼내서 연주할 때 다른 사람의 이목이 부담스러운 것도 아니고,
바이올린처럼 활이 필요하지도 않다.
소리가 작으니 카페에 앉아서 자그맣게 치면 남에게 방해도 되지 않고, 주목받지도 않는다.
여행을 갈 때도 훌쩍 어깨에 짊어지든, 가방에 쑤셔 넣든 편하게 가져갈 수 있다.
다른 악기가 갖지 못한 특징을 가진 '틈새 악기'다.
하림(한국 최초 우쿨렐레 밴드)

우쿨렐레의 특징은 높은 음색의 튀어나오는 음으로 인하여
경쾌하고 독특한 매력적인 음색을 가지고 있다.
또한 다양한 주법과 화음으로 동요, 가요, 찬송가, 팝송 등
어느 음악이나 독주 혹은 노래반주 악기로 매력적인 연주가 가능하다.
배우기 쉽고 주법이 기타와 비슷하여
코드와 리듬만 익히면 남녀노소 누구나 단기간에 쉽게 익혀서 연주할 수 있다는 점이다.
남궁련(한국우쿨렐레협회 초대회장)

2. 우쿨렐레의 기원

1) 하와이 전통악기

1879년 8월 23일 포르투갈 이주민 419명을 태운 Ravenscrag호가 호놀룰루항에 도착하여 축하파티에서에서 Fernandes가 Braguinha(브라기니아)라는 작은 포르투갈 현악기로 그들의 음악을 연주하였다고 한다.

브라기니아 ukulele

자그마한 포르투갈 4현금인 '브라기니아' 연주 시 지판 위에서의 현란한 손놀림이 당시 하와이인들의 눈에는 마치 벼룩이 톡톡 튀는 것처럼 보여서 하와이어로 Uku(벼룩) - Lele(톡톡 튄다)라는 뜻의 이름이 전해지고 있다.

우쿨렐레의 재료는 아카시아 나무의 종류인 하와이산 코아로 만들었다(최근에는 대나무, 고무나무 등으로 제작을 시도하고 있다). 그리고 초기엔 거트현을 사용하다가 요즘은 나일론현으로 발전하였으며, 특히 아퀼라(Aquila, 이태리)현을 많이 사용한다.

우쿨렐레의 대가인 일본계 'Herb Otha상'은 사탕수수 농장 운영을 목적으로 이주한 포르투갈인 'Mauel Nune'가 처음으로 우쿨렐레를 하와이에 소개하였다고 전한다.

Herb Otha

2) 우리나라 우쿨렐레

우리나라의 우쿨렐레는 이화여자대학교 축제 때 처음으로 소개되었다고 한다. 이후 연세대학교 등 여타 대학 유아교육과와 산악인들에게 일부 알려지긴 하였지만 당시 수도 피아노사에서 제작한 우쿨렐레에 클래식 기타현을 끼워 사용하다 보니 소리가 잘 나질 않고 악기도 조악하여 널리 보급되지 못하였다.

1973년도부터 김금헌(한국기타협회장, 한국기타연주가협회장 역임) 현 한국기타협회 고문이 국내 최초로 교본을 만들고 가야악기사에 의뢰하여 마틴형 모델을 생산 · 보급하기 시작하였고 기술력을 인정받아 '구로사와', '히라카와' 등의 일본 시장에 OEM을 수출하기도 하는 등 우쿨렐레의 보급을 위하여 헌신하였다.

김금헌

남궁련(한국우쿨렐레협회 초대회장), 황성욱(우쿨렐레찬양선교회장), 양강석 회장(한국오카리나협회장) 등이 최근까지 우쿨렐레 보급을 위하여 헌신하여 대중화에 큰 영향력을 끼치고 있다. 이후 인터넷 보급으로 우쿨렐레에 관한 정보가 일반에게 더욱더 많이 알려지게 되었다.

그림: 김연희

3. 우쿨렐레의 종류

우쿨렐레의 형은 여러 가지가 있으나, 아래 그림에 있는 〈오리지널〉형과 〈파인애플〉형이 그 대표라 할 수 있으며, 그중에서도 오리지널형(소프라노우쿨렐레, 콘서트우쿨렐레, 테너우쿨렐레, 바리톤우쿨렐레)이 주로 사용되고 있다. 이 밖에 우쿨렐레는 현의 수에 따라 4현, 5현, 6현, 8현 우쿨렐레 등이 있다.

오리지널형 ukulele

파인애플형 ukulele

벤조 ukulele

Soprano Concert Tenor Baritone

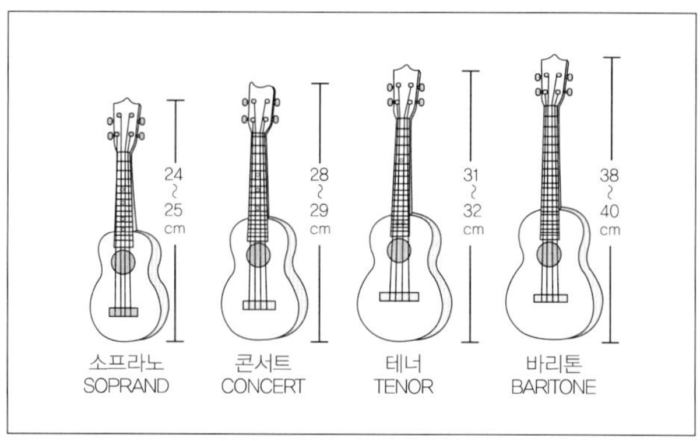

오리지널형(스텐다드형) ukulele

소프라노(body 길이 24~25cm 정도)

거의 반주 특화용으로 전통적인 우쿨렐레로, 플랫이 12플랫밖에 없다. 통통거리는 소리로 하와이안 분위기를 연출한다. 악기를 전혀 다뤄본 적이 없는 여성이나 아이들이 쉽게 다가갈 수 있으며, 성인 남자의 경우 손가락의 크기나 그립감 등에 불편함을 느낄 수 있다.

콘서트(body 길이 28~29cm 정도)

가장 대중적이다. 솔로 연주용으로 적당하다. 보통 18~19플랫 정도 있다. 남녀노소 부담 없이 칠 수 있는 장점이 있다. 통통거리는 소리는 덜 하지만, 입문자나 기타를 쳐 봤던 사람에게도 적합한 종류다. 소프라노의 작은 울림과, 적은 플렛 수를 보완하였고, 대부분의 아티스트들이나 일반인이 선호한다.

테너(body 길이 31~32cm 정도)

기타 같은 음색으로, 연주를 추구하는 사람들 혹은 손가락이 굵은 남자들이 선호한다. 기타를 치던 사람들은 소프라노나 콘서트보다 훨씬 편한 그립감을 느낄 수 있다. 솔로로 우쿨렐레를 치는 사람들에게 적합하고, 소프라노, 콘서트에 비해 중후한 음이 특징이라서 기타를 연상시키는 우쿨렐레이다.

바리톤(body 길이 38~40cm 정도)

어린이용 미니 기타에 5, 6번 줄을 끊어버린 듯한 크기이다. 기타를 치던 사람들이 가장 편안하게 연주할 수 있으나 악기를 처음 접하는 사람들에게는 가장 어려운 우쿨렐레이기도 하다. 기타를 쳐 본 사람, 우쿨렐레 잘 치는 사람들에게 적합하다. 일반 우쿨렐레들이 솔－도－미－라로 튜닝하는 반면, 바리톤우쿨렐레는 레－솔－시－미로 튜닝한다.

기타와 우쿨렐레의 차이점

■ 우선 크기가 다르다.

기타는 90~105cm인데 우쿨렐레의 경우 그의 반 정도 되는 54cm 크기이다(소프라노우쿨렐레 기준).

■ 기타는 6줄이지만 우쿨렐레는 4줄이다.

■ 줄의 종류가 다르다.

통기타는 6줄 모두 쇠줄이고, 클래식기타는 6~4번 줄이 쇠줄이고 3~1번 줄이 나일론줄이며, 우쿨렐레는 주로 나일론줄, 아퀼라줄, 마틴줄이다.

■ 줄의 음정이 다르다.

기타는 6번 줄부터 E－A－D－G－B－E(미－라－레－솔－시－미)이고, 우쿨렐레는 G－C－E－A(솔－도－미－라)이다.

4. 우쿨렐레 각 부분의 명칭

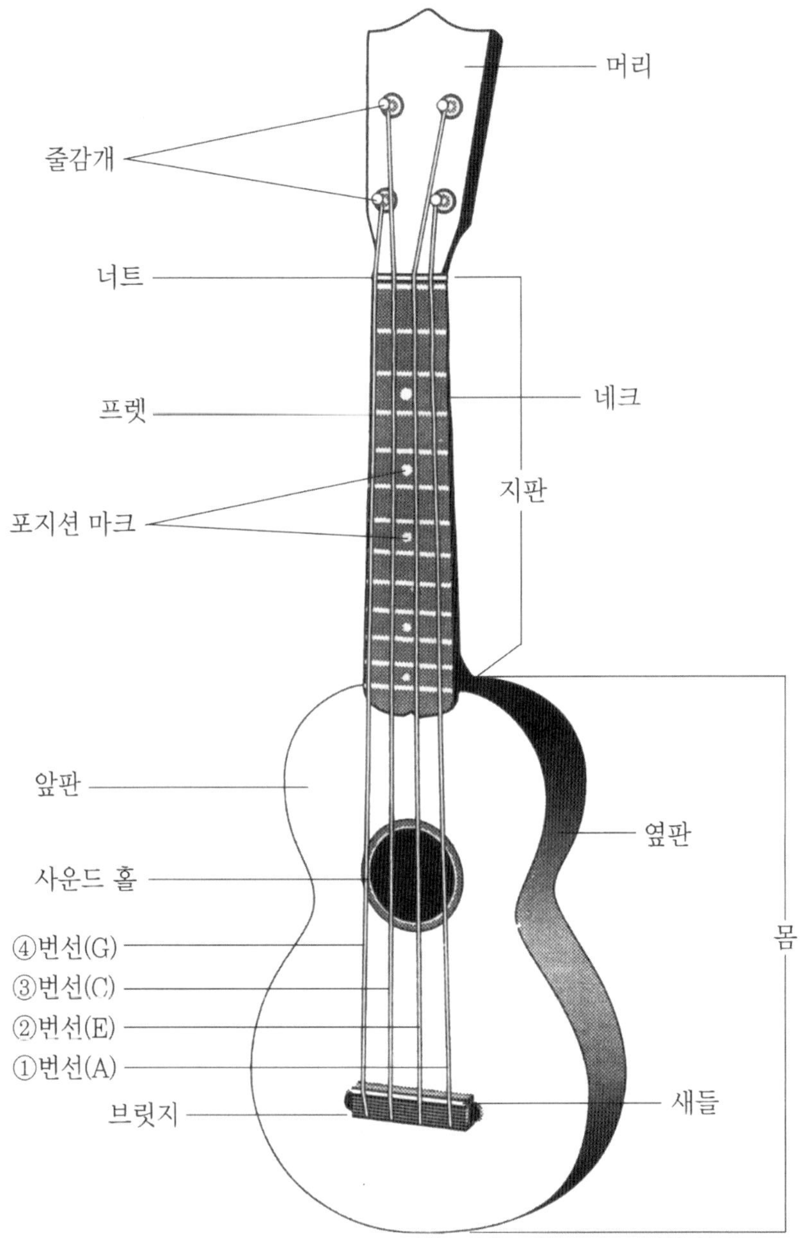

출처: 김금헌(2010). 최신 우쿨렐레 교본. 디자인기타.

5. 우쿨렐레와의 운명적인 만남을 위해

1) 악기 선택

어떤 종류의 악기든 학습자의 마음에 맞는 악기를 구입하기란 그리 쉬운 일은 아니다. 특히 우쿨렐레의 경우, 국내 생산이 아직은 부진하기 때문에 일부 조악한 제품 등이 있으므로 신용 있는 국내외 메이커의 제품이나 수제품을 선택해야 한다.

악기를 구입할 때 주의할 점

① 신뢰할 수 있는 메이커 또는 제작가의 제품인가?
② 음정이 정확하고, 음량이 풍부하며, 음색이 아름다운가?
③ 접착된 부분은 이상이 없는가?
④ 왼손가락을 자유롭게 움직일 수 있도록 지판이 고르게 다듬어져 있는가?
⑤ 전체적으로 정교하게 만들어졌으며, 도장(칠) 상태가 좋은가?

■ 소프라노

통통 튀는 소리와 악기에 이상이 없는지 잘 살펴봐야 한다.

이런 사람에게 추천!

"나는 오리지날만 취급하는 사람! 저는 손이 너무 작아서요….
난 연주곡보단, 주로 반주곡을 연주할 테야!"

■ 콘서트

풍부한 소리가 나는지 들어 봐야 한다.

■ 테너

줄의 간격이 적당해서 핑거링(줄을 하나씩 쳐서 화음을 내는 주법)이 쉬운 모델을 구입해야 한다.

이런 사람에게 추천!

"콘서트의 울림·음량으론 부족하다! 반주곡도 좋지만 연주곡이 소망!"

■ 바리톤

국내에선 매우 비싸다. 그래도 구입하려면 악기에 이상이 없는지만 살펴보고 구입하면 된다.

2) 우쿨렐레 관리요령

우쿨렐레 겨울철 관리요령

건조 상태가 심해지면 지판과 전판이 변형될 가능성이 커지므로 겨울철에는 스펀지에 물을 적신 후 짜내어 몸통 안쪽에 보관한다. 또한 줄이 조율된 상태에서 풀지 말고 그대로 나두어 보관한다. 그러나 장시간 연습을 하지 않을 경우 현(줄)을 느슨하게 풀어 주어야 악기를 보호할 수 있다.

여름철 우쿨렐레 관리요령(장마철 기준)

우쿨렐레는 작기 때문에 작은 실리카겔 2개 정도를 거즈나 천에 싸서 집어넣어 주고 마른 천으로 사운드 홀을 덮어 주면 된다. 또한 여름철에는 연습 후 6~7바퀴 줄감개를 풀어 줘야 한다. 즉, 조율된 절대 음에서 3~4도 음정을 낮추어야 한다.

습도 조절 도구 '댐핏'

건조한 악기의 습도를 조절해 주는 도구이다.

물에 충분히 적셨디기 우쿨렐레의 1번과 2번선 사이 사운드 홀 안에 넣어 주거나 또는 융괴 같은 천으로 물에 담갔다가 물기를 꼭 짜서 사운드 홀을 덮어 주는 방법이 있다.

시중에 판매하는 것들은 다양한 모양으로 다양한 종류가 있다.

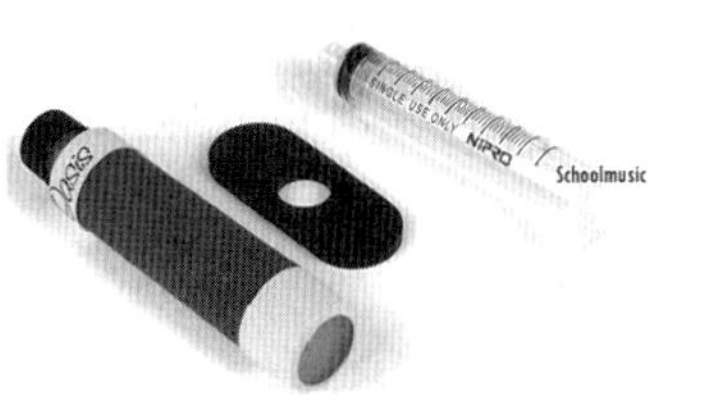

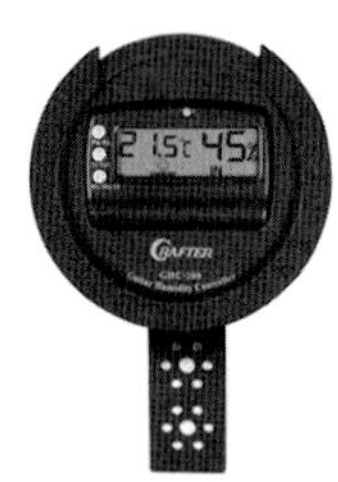

6. 우쿨렐레를 다룰 때에는

악기를 안는 법

기타와 달리 울림통을 편안하게 감싸 안아야 한다.

모델: 소정아

우쿨렐레를 배울 때는 항상 노래를 같이 불러야 한다.
'심각하지 말라.', '진지하지 말라.' 우쿨렐레는 놀이다.

출처: 남궁련(1990). 우쿨렐레 교본. 다라.

C코드 손모양(앞)

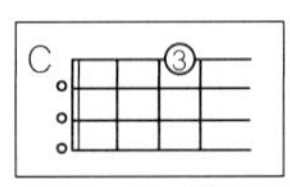

C코드 손모양(뒤)

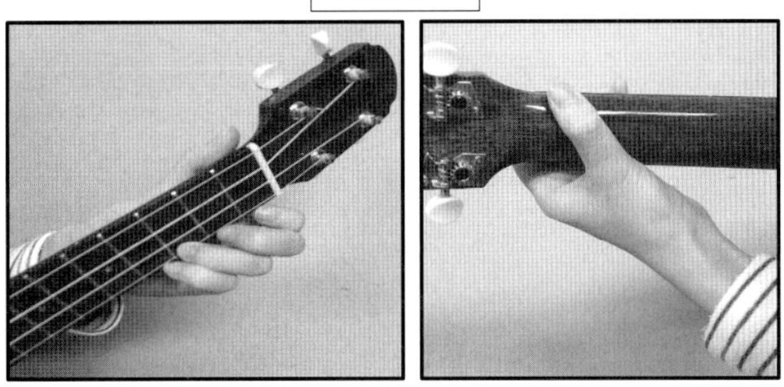

모델: 이인선

우리들의 약속

내려 칠 때 '쿵' / 올려 칠 때 '가' / 강하게 내려 칠 때 '짜' /
안 치고 올리거나 내릴 때를 '의' / 강하게 올려 칠 때 '각'

7. 손의 기호 및 기능

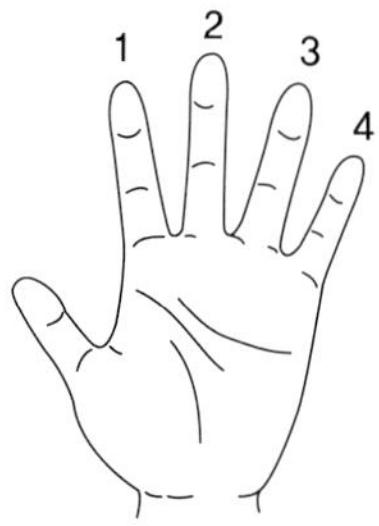

왼손

〈기호〉

1 집게손가락(첫째손가락)
2 가운뎃손가락(둘째손가락)
3 약손가락(셋째손가락)
4 새끼손가락(넷째손가락)

〈기능〉

- 멜로디 연주 시 지판을 짚는 기능
- 각 코드를 짚을 때 각 손가락의 표시된 번호대로 지판을 짚는 기능

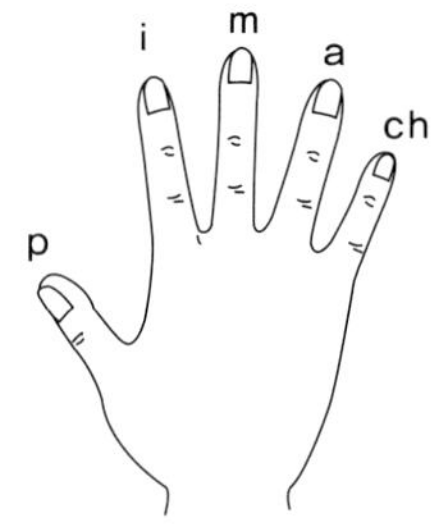

오른손

〈기호〉

p 엄지손가락(Pulgar)
i 검지손가락(indice)
m 중지손가락(medio)
a 약지손가락(anular)
ch 새끼손가락(chico)

〈스트로크 주법 기능〉

다운 스트로크 → p와 H(i, m, a, ch)
업 스트로크 → p의 손톱 쪽

※ 편의상 스트로크 주법 시 엄지손가락(P) 외의 모든 손가락을 합쳐 'H'로 표기함.

〈아르페지오 주법 기능〉

4현...... p(아래로 퉁긴다)
3현...... I(위로 퉁긴다)
2현...... m(위로 퉁긴다)
1현...... a(위로 퉁긴다)

* 새끼손가락(ch)은 라스게아도 주법 시만 사용하며 아르페지오 주법 시는 사용하지 않는다.

출처: 황성욱(2012). 우쿨렐레 악기찬양선교회 강의 교본.

손톱 관리

- 왼손은 손바닥 쪽에서 볼 때, 손톱이 보이지 않을 만큼 손톱을 짧게 관리해야 한다.
- 오른손은 손바닥 쪽에서 볼 때, 손톱이 보일 정도로 손톱의 길이를 길게 그리고 건강하게 관리해야 한다.

하루도 빼놓지 말고 매일 조금씩 연습……

한 음 한 음을 거울 앞에서… 정성껏 연습!

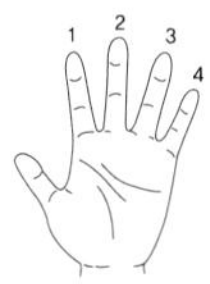

■ 왼손 집게손가락(첫째손가락)을 굽히지 않고 올렸다 내렸다 하기.

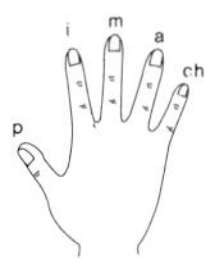

오른손 ch(새끼손가락)에서 p(엄지손가락)까지 힘차게 같은 속도로 펴기.

■ 코드를 잡고 음을 칠 때 프렛에 가깝게 잡아야 소리가 아름답게 난다.
(1mm라도 떨어지면 힘을 몇 배나 더 주어야 한다. 손끝이 프렛에 못 닿을 코드인 경우에는 프렛에 가까운 손끝 쪽에 힘을 준다.)

■ 코드 잡은 왼손을 그대로 꺼냈을 때 주먹을 가볍게 잡은 모양이 되도록 연습한다.

연주하고 싶은 곡을 앞에 두고…

곡 전체를 분석하여 가장 적합한 주법을 찾는다.

Q 몇 박자인가? (4/4박자 or 4/3박자)
Q 빠르기는? (90 이상 : 고고, 칼립소 / 90 이하 : Slow GoGo, Slow Rock)
Q 음의 배열은? (셋잇단음, 느린 부점 박자가 있을 때는 Slow Rock)
Q 제일 감정이 강한 부분, 약한 부분은?

이제, 한 곡에 적합한 다양한 주법을 배열하여 연주한다.

8. 튜닝(조율하는 법)

우쿨렐레의 기본음을 익혀두세요.

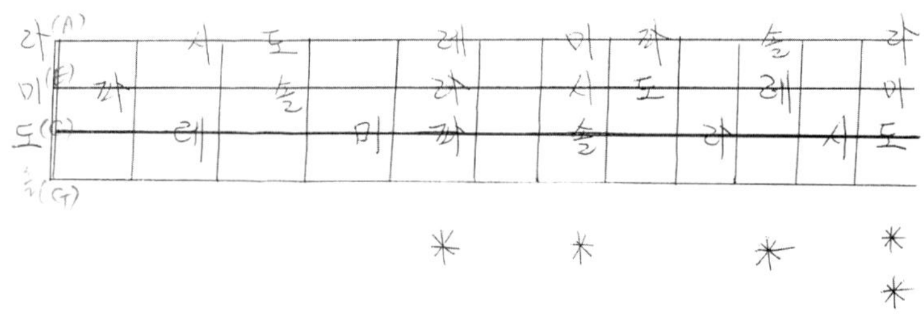

그림: 김윤배

1) 우쿨렐레의 튜닝(조율하는 법)

연주 전에 조율을 정확히 하는 것이 가장 중요하며, 디지털 조율기에 의한 간편한 조율법이 있지만 귀로 듣고 음감으로 하는 조율법은 다음과 같다.

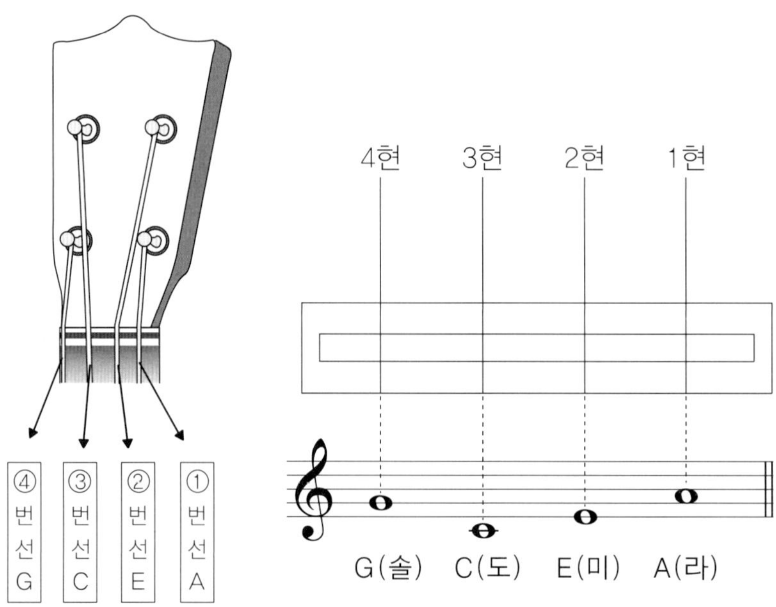

2) 조율방법

1현 확인 : 1현은 조율피리 '라'음을 기준으로 개방현 '라'음을 조율한다.

4현 확인 : 4현은 '라'음으로(1현 개방음 '라'음을 기준으로 하여 4현 2플랫음) 확인한다.

2현 확인 : 2현은 '솔'음으로(4현 개방음 '솔'음을 기준으로 2현 3플랫음) 확인한다.

3현 확인 : 3현은 '도'음으로(1현 3플랫음 '도'음을 기준으로 하여 3현 개방음을 한 옥타브 아래 음) 확인한다(3현 '미'음과 2현 '미'음을 확인한다).

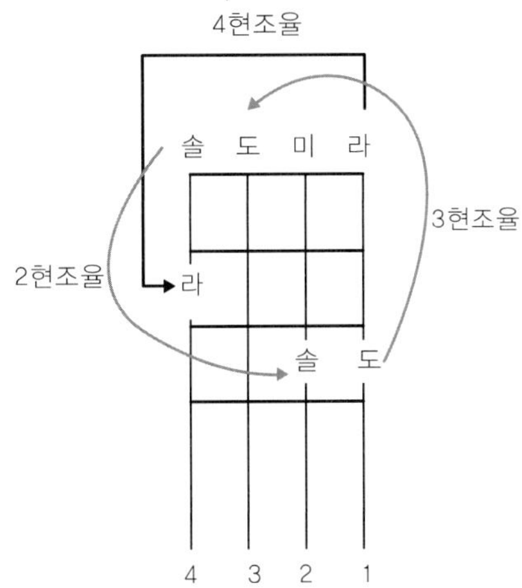

3) 확인 조율

조율 후에 반드시 확인 조율을 해 봐야 한다. 왜냐하면 네크가 짧은 악기라서 4, 5플랫의 누르는 강도에 따라 음의 오차가 크기 때문이다.

우쿨렐레 코드

코드 : 화성학상의 법칙인 배음의 원리에 따라 높이가 서로 다른 셋 이상의 음을 쌓아 동시에 울리는 화음을 말한다.

모든 음악은 경쾌한 기분의 장조곡과 애절한 기분의 단조곡으로 되어 있는데, 장조의 코드는 '메이저 코드'라 부르고, 단조의 코드는 '마이너 코드'라고 부른다. 메이저 코드는 C, F 등으로 표기하고, 마이너 코드는 코드 옆에 'm'을 붙인다. 즉, Am, Cm 등으로 표기하고 '에이 마이너', '씨 마이너'라고 읽는다.

9. 조 옮김

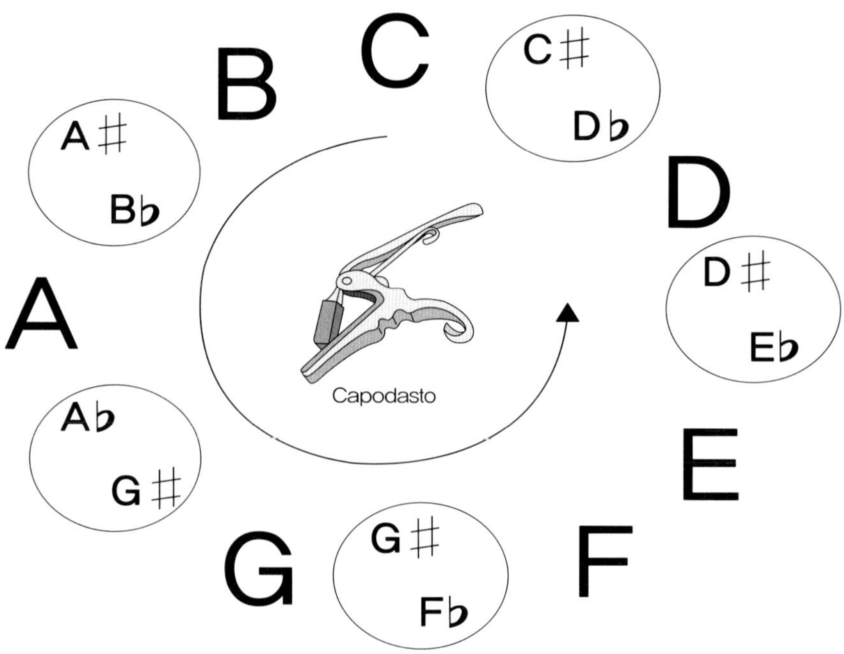

High chord를 익혀 두세요.

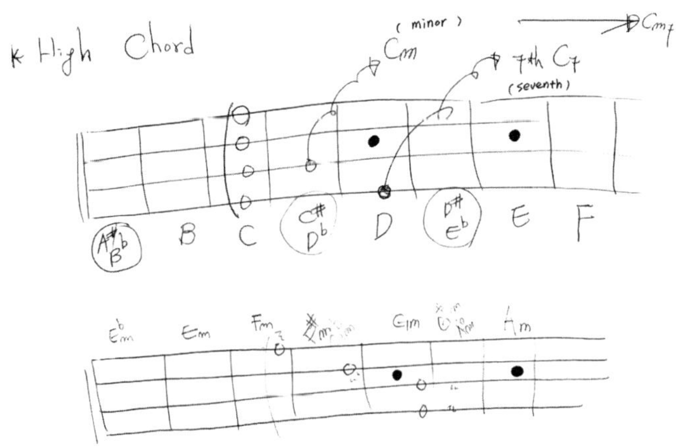

그림: 김윤배

10. 다양한 주법 익히기

※ 이 자료는 백석대학교 유아교육과 우쿨렐레 기악레슨 수업 시 활용한 강의 교본(황성욱(2012), 우쿨렐레 악기찬양선교회 강의 교본)을 중심으로 학생들과 함께 적용하며 실시하였던 내용을 발췌하여 편집한 것임.

고고 주법(4/4, 2/4) "첫 발걸음"

– 내려 치기와 올려 치기를 할 때 정확한 박자와 리듬감을 익히는 것이 중요하며, 2박 첫 음과 4박 첫 음에서 강하게 내려 쳐야 한다.

1패턴	쿵가 ⇩쿵⇧가 한 박자	**짜**가 **↓짜**⇧가 한 박자	쿵가 ⇩쿵⇧가 한 박자	**짜**가 **↓짜**⇧가 한 박자
2패턴	쿵쿵	**짜**가	쿵쿵	**짜**가
3패턴	쿵의	**짜**가	쿵가	**짜**가

슬로우고고 주법(4/4) "리듬이 천천히 흘러가듯이"

– '조금 느리게, 느리게' 정도의 속도일 때 사용한다.

1패턴	쿵가 ⇩쿵⇧가 한 박자	**짜**가 **↓짜**⇧가 한 박자	쿵가쿵가 ⇩쿵⇧가⇩쿵⇧가 한 박자	**짜**가 **↓짜**⇧가 한 박자
2패턴	쿵가 ⇩쿵⇧가 한 박자	**짜**가 **↓짜**⇧가 한 박자	쿵가쿵가 ⇩쿵⇧가⇩쿵⇧가 한 박자	**짜**가쿵가 **↓짜**⇧가⇩쿵⇧가 한 박자
3패턴	쿵 -	**짜**가	쿵가쿵가	**짜**가쿵가
4패턴	쿵 -	**짜 -**	쿵가쿵가	**짜**가쿵가

왈츠 주법 "아름다운 선율과 리듬"

- 왈츠 주법 : 3/4박자, 6/8박자

– 곡의 특성에 따라 느리고 부드럽게 또는 경쾌하게 연주할 수 있다.

1패턴	**짜** ⬇**짜** 한 박자	쿵 ⇩쿵 한 박자	쿵 ⇩쿵 한 박자
2패턴	**짜**가 ⬇**짜**⇧가 한 박자	쿵가 ⇩쿵⇧가 한 박자	쿵가 ⇩쿵⇧가 한 박자
3패턴	**짜**	쿵가	쿵가
4패턴	쿵쿵	**짜**가	**짜**가

칼립소 주법 "흔하지만 흥겹고 쉬운"

- 칼립소 주법 : 4/4박자, 2/4박자

– 칼립소 주법은 리듬을 타는 것이 중요하다.

짜 의	쿵**각**	의 가	**짜**가
⬇**짜** —	⇩쿵⇧**각**	— ⇧가	⬇**짜**⇧가
한 박자	한 박자	한 박자	한 박자

룸바(3/4) 주법 "부드러우면서도 힘이 넘치는"

– 다른 주법과 함께 연주하여 보다 다양한 리듬감과 박자감을 살릴 수 있다.

쿵	**따라라라**	가	**짜**가
⇩쿵	**4⇩-3⇩-2⇩-1⇩**	⇧가	**↓짜**⇧가
반 박자	한 박자	반 박자	한 박자

룸바(4/4) 주법 "부드러우면서도 힘이 넘치는"

- 룸바 *고고* 주법 : 4/4박자

쿵	**따라라라**	가	쿵가	**짜**가
⇩쿵	**4⇩-3⇩-2⇩-1⇩**	⇧가	⇩쿵⇧가	**↓짜**⇧가
반 박자	한 박자	반 박자	한 박자	한 박자

- 룸바 *칼립소* 주법 : 4/4박자

쿵	**따라라라**	가	의 가	**짜**가
⇩쿵	**4⇩-3⇩-2⇩-1⇩**	⇧가	— ⇧가	**↓짜**⇧가
반 박자	한 박자	반 박자	한 박자	한 박자

손 주법(기본 음계, 음 조율법)

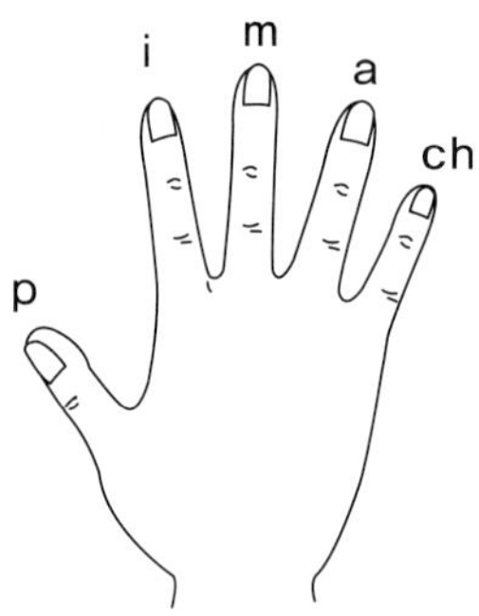

오른손

도(C)레(D)미(E)파(F)솔(G)라(A)시(B)도(C)

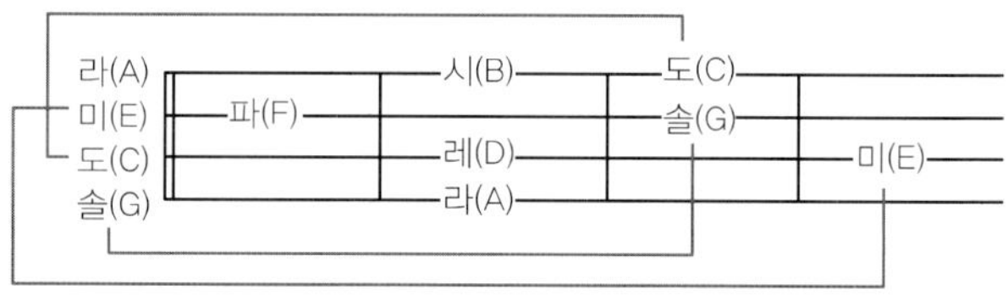

	p	엄지손가락
H	i	집게손가락
	m	가운뎃손가락
	a	약손가락
	ch	새끼손가락
편의상 스토로크 주법 시 엄지손가락(p) 외의 모든 손가락을 합쳐 'H'로 표기함.		

1) 쿵(i 손톱 부분) 가(i 안쪽 살 부분)
2) 쿵(p 안쪽 살 부분) 가(i 손톱 부분)

- ■ 우쿨렐레의 플렛, 현 번호에 따른 기본 음계를 익혀야 한다.
- ■ 우쿨렐레의 플렛은 한 칸이 반음으로 이루어져 있습니다. 반음이면 한 칸을 이동하고, 온음이면 두 칸을 이동한다.
  (온음−2플렛 이동, 반음−1플렛 이동)
- ■ 도 레 미(반음) 파 솔 라 시(반음) 도
  C D E(반음) F G A B(반음) C
- ■ 엄지손가락만으로 피킹 합니다.
  도−P(⇩) 레−I(⇩) 미−P(⇩) 파−I(⇩)
  솔−P(⇩) 라−I(⇩) 시−P(⇩) 도−I(⇩)

샤프트 주법(3/4, 6/8) "리듬을 가지고 노는"

– 샤프트 주법은 1박자를 4개로 쪼개어 치는 방법이다. (⇩쿵⇧가⇩쿵⇧가) 빠른 속도로 한 박자를 네 번에 나누어서 같은 속도로 치는 것이다.

– 빠르게 쳐야 하지만 곡은 느려진다. 대신 연결되는 부분은 부드럽게 이어질 수가 있다.

패턴			
1패턴	**↓짜**⇧가⇩쿵⇧가 한 박자	⇩쿵⇧가⇩쿵⇧가 한 박자	⇩쿵⇧가⇩쿵⇧가 한 박자
2패턴	**↓짜** — — — 한 박자	⇩쿵 — — — 한 박자	⇩쿵⇧가⇩쿵⇧가 한 박자

- 2패턴은 1박의 첫 음과 2박의 첫 음만 치는 것이다. 허공을 위, 아래로 치는 것처럼 해야 한다.
- 익숙하게 되면 자유롭게 샤프트의 느낌만을 살려서 연주한다.

샤프트 슬로우 고고 주법(4/4) "리듬을 가지고 노는"

패턴				
1패턴	⇩쿵⇧가⇩쿵⇧가 한 박자	**↓짜**⇧가⇩쿵⇧가 한 박자	⇩쿵⇧가⇩쿵⇧가 한 박자	**↓짜**⇧가⇩쿵⇧가 한 박자
2패턴	⇩쿵 — — — 한 박자	**↓짜** — — — 한 박자	⇩쿵⇧가⇩쿵⇧가 한 박자	**↓짜**⇧가⇩쿵⇧ 가 한 박자

라스게아도 주법(3/4) "매혹적인 소리를 낼 수 있는"

- 쿵 (P 살 부분 / 4번과 3번 줄)
  따라라라라 (ch+a+m+i+p 손톱 부분)
  가 (p 손톱 부분 / 1번과 2번 줄)

- 라스게아도 3/4박자(왈츠) 리듬

쿵	**따라라라라**	가	**짜**가
반 박자	한 박자	반 박자	한 박자

라스게아도 주법(4/4) "매혹적인 소리를 낼 수 있는"

- 라스게아도 *고고* 리듬

쿵	**따라라라라**	가	쿵가**짜**가
반 박자	한 박자	반 박자	두 박자

- 라스게아도 *칼립소* 리듬

쿵	**따라라라라**	가	쿵의**짜**가
반 박자	한 박자	반 박자	두 박자

보사노바 주법(2/4) "시원하고 흥겨운, 엇박자"

짜가쿵	**짜**가쿵	**짜**가
↓**짜**⇧가⇩쿵	↓**짜**⇧가⇩쿵	↓**짜**⇧가
1박1/2	1박 1/2	1박

슬로우 락 주법(4/4) "느린 행진곡"

– 슬로우 락은 4/4박자 중에 3잇단음표가 들어간 곡을 연주하는 패턴이다.

– 2박자 첫머리와 4박자 첫머리에 악센트를 살리면 좋은 리듬이 된다.

1패턴	쿵가쿵 ⇩쿵⇧가⇩쿵 한 박자	**짜**가쿵 ↓**짜**⇧가⇩쿵 한 박자	쿵가쿵 ⇩쿵⇧가⇩쿵 한 박자	**짜**가쿵 ↓**짜**⇧가⇩쿵 한 박자
2패턴	쿵-쿵가쿵 ⇩쿵-⇩쿵⇧가⇩쿵 한 박자	**짜**가쿵 ↓짜⇧가⇩쿵 한 박자	쿵-쿵가쿵 ⇩쿵-⇩쿵⇧가⇩쿵 한 박자	**짜**가쿵 ↓**짜**⇧가⇩쿵 한 박자

컨트리 주법(4/4, 2/4) "경쾌하고 흥겨운"

– 폴카 리듬과 비슷하여 함께 사용하기도 한다.

쿵**짜**가	쿵**짜**가	쿵**짜**가	쿵**짜**가
⇩쿵**↓짜**⇧가	⇩쿵**↓짜**⇧가	⇩쿵**↓짜**⇧가	⇩쿵**↓짜**⇧가
한 박자	한 박자	한 박자	한 박자

파소더블 주법(3/4, 6/8) "강렬하고 격정적인"

– 왈츠 리듬에 바운스 기분이 추가된 재즈풍의 박자 리듬이다.

– 바운스 패턴의 표현을 잘할 수 있도록 세심하게 신경 써야 한다.

쿵 쿵가	**짜**가	**짜**가
⇩쿵 ⇩쿵⇧가	**↓짜**⇧가	**↓짜**⇧가
한 박자	한 박자	한 박자

셔플 주법(4/4) "캥거루가 뛰는 듯한"

– 실제 리듬은 셋잇단음표를 2:1로 나눈 방식이다. 고고 리듬과 비교할 때 부점이 있는 곡은 셔플로 봐야 한다.

(1박자를 3등분하여 앞은 2, 뒤는 1로 칩니다.)

따따따	따따따	따따따	따따따
따아따	따아따	따아따	따아따
(1박자)	(1박자)	(1박자)	(1박자)
쿠웅가	**짜**아가	쿠웅가	**짜**아가

비긴 주법(4/4) "경쾌하게 당겨 주는"

– 전체적으로 룸바의 리듬과 흡사하며 끝부분의 3, 4박은 트로트나 폴카 리듬과 비슷하다. 경쾌하면서 당겨 주는 음의 기교가 아름답다.
– 두 번째 리듬에 붙는 강한 싱코페이션(당김음)이 특징이다.

쿵**각**	의가	쿵가	쿵가
(1박자)	(1박자)	(1박자)	(1박자)

핸드커팅 주법 “멈추며 느끼는 재미”

- 우쿨렐레의 울리고 있는 줄을 오른손 바닥으로 살짝 눌러서 음의 울림을 멈추게 하는 방법이다.
- 다운 스트로크에서 피킹과 동시에 종을 치는 듯하게 손바닥을 대는 것이기 때문에 ‘짯’ 하는 소리와 함께 타악기적인 소리가 나온다.
- 줄에 닿을 때 너무 세게 누르면 줄이 픽업이나 프렛에 닿아서 잡음이 생기므로 주의가 필요하다.
- 반주할 때 악센트를 주는 부분에 커팅을 넣으면 매우 좋은 반주가 될 수 있다.

■ 쿵 / P+ima(약하게) 가 / P(손톱 부분)(약하게)
짜 / P+ima(강하게)－손바닥으로 음을 끊는다. / 가 / P(손톱 부분)(약하게)

고고	/	쿵가	**짜**가	쿵가	**짜**가
왈츠	/		**짜**	쿵가	쿵가
칼립소	/	**짜** -	쿵각	- 가	**짜**가

아르페지오 주법(3/4) "한 음 한 음 나만의 선율을 찾아내며"

- 아르페지오 주법은 각각의 음에 시간적 간격을 두면서 한 음, 한 음이 끊어지지 않도록 하여 연주하는 기법이다.
- 각각의 음을 분산시켜서 내는 음이라 하여 분산화음 주법이라 한다.
- 가장 많이 쓰이는 아르페지오 주법으로 손가락 4개를 사용한다고 하여 4핑거라고도 한다. 2핑거, 3핑거도 있다.
- p = 4번 줄 / i = 3번 줄 / m = 2번 줄 / a = 1번 줄을 맡아서 치게 된다.

1패턴	4 - 3 p - i	2 - 1 m - a	2 - 3 m - i
2패턴	4 - 3 p - i	2 - 3 m - i	1 - 3 a - i
3패턴	4,1 - 3 p,a - i	2 - 1 m - a	2 - 3 m - i
4패턴	3 - 2 - 4 i - m - p	1 - 4 - 2 a - p - m	1 - 4 - 2 a - p - m

아르페지오 주법(4/4) "한 음 한 음 나만의 선율을 찾아내며"

4 - 3	2 - 3	1 - 3	2 - 3
p - i	m - i	a - i	m - i
3 - 4	2,1 - 4	2,1 - 4	2,1 - 4
i - p	m,a - p	m,a - p	m,a - p

폴카 주법(2/4, 4/4) "빠른 2박자의 리듬"

– 2/4박자 리듬을 연주하되 4/4박자 리듬도 빨리 부를 때 폴카 주법으로 연주하면 좋다.

– 각 박의 첫머리에 악센트를 넣어 치고 1박자 두 번째 마디와 2박자 두 번째 마디는 커팅을 통해 소리를 끊어 주면 더 좋은 리듬이 된다.

– 느리게 하면 트로트 박자가 된다.

1패턴	**짜**가 ↓⇧	**짜**가 ↓⇧	**짜**쿵가 ↓⇩⇧	**짜**가 ↓⇧
2패턴	**짜**쿵 ↓⇩	**짜**쿵 ↓⇩	**짜**쿵가 ↓⇩⇧	**짜**쿵 ↓⇩
3패턴 (컷팅, 핸드컷팅)	쿵**짝** ⇩↓	쿵**짝** ⇩↓	쿵쿵가 ⇩⇩⇧	쿵**짝** ⇩↓

그림: 김연희

4박자 리듬 되돌아보기

리듬	1	2	3	4
고고	쿵가	☞짜가	쿵가	☞짜가
	쿵쿵	짜가	쿵쿵	짜가
	쿵의	짜가	쿵가	짜가
슬로우고고1	쿵가	짜가	쿵가쿵가	짜가
슬로우고고2	쿵가	짜가	쿵가쿵가	짜가쿵가
슬로우고고3	쿵의	짜가	쿵가쿵가	짜가
슬로우고고4	쿵의	짜가	쿵가쿵가	짜가쿵가
샤프트	쿵가쿵가	짜가쿵가	쿵가쿵가	짜가쿵가
슬로우고고	쿵 — — —	짜— — —	쿵가쿵가	짜가쿵가
룸바 고고	쿵 따라라라 가		쿵가	짜가
칼립소	짜의	쿵각	의가	짜가
룸바 칼립소	쿵 따라라라 가		의가	짜가
(swing)	쿵 짜가		쿵가	짜가
셔플	쿠웅가	짜아가	쿠웅가	짜아가
파소더블(4)	쿵쿵가	짜가	의가	짜가
비긴	쿵가	의각	쿵가	쿵가
커팅	쿵가	☞짜가	쿵가	☞짜가
폴카	짜쿵	짜쿵	짜쿵가	짜쿵
디스코	쿵가	짜쿵가	쿵가쿵	짜가
보사노바	짜가쿵	짜가쿵		짜가
컨트리	쿵 - 짜가	쿵 - 짜가	쿵-짜가	쿵-짜가
(country)	짜 쿵	가	가	쿵가
라스게아도(4)	쿵	따라라라가	의가	짜가
아르페지오(4)	p - i	m - i	a - i	m - i
	4 - 3	2 - 3	1 - 3	2 - 3
	i – p	m.a – p	m.a – p	m.a – p
	3 - 4	2,1 - 4	2,1 - 4	2,1 - 4

3박자 리듬 되돌아보기

왈츠1	**짜**	쿵	쿵
skate waltz	**짜**가	쿵가	쿵가
왈츠3	**짜**의	쿵가	쿵가
왈츠4	쿵쿵	**짜**가	**짜**가
파소더블	쿵쿵가	**짜**가	**짜**가
슬로우 왈츠	쿵가쿵	**짜**가쿵	**짜**가쿵
라스게아도(3)	쿵	따라라라 가	**짜**가
룸바 waltz		쿵 **따라라라 가**	**짜**가
	p - i	m - a	m - I
아르페지오(3)	4 - 3	2 - 1	2 - 3
	i - m - p	**a - p - m**	**a - p - m**
	3 - 2 - 4	**1 - 4 - 2**	**1 - 4 - 2**
샤프트(3)	**짜**가쿵가	쿵가쿵가	쿵가쿵가
	짜— — —	쿵— — —	쿵가쿵가
세마치	**짜**가쿵	쿵가쿵	쿵가쿵
민요-굿거리	**짜**- 가쿵	쿵가쿵 **짜**가쿵	쿵- **짜**-

박자의 감각을 느껴보세요.

Slow rock

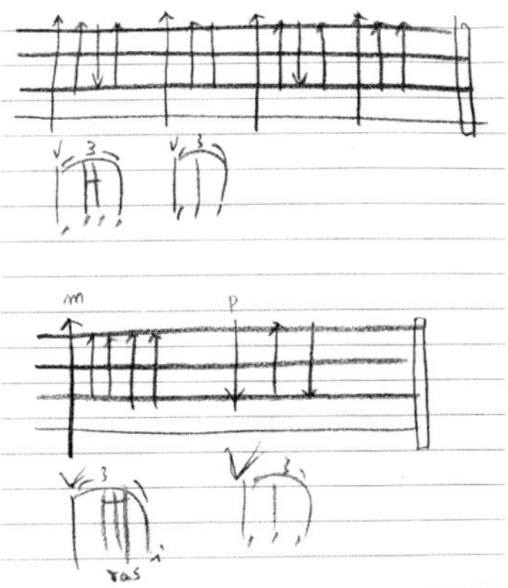

Country

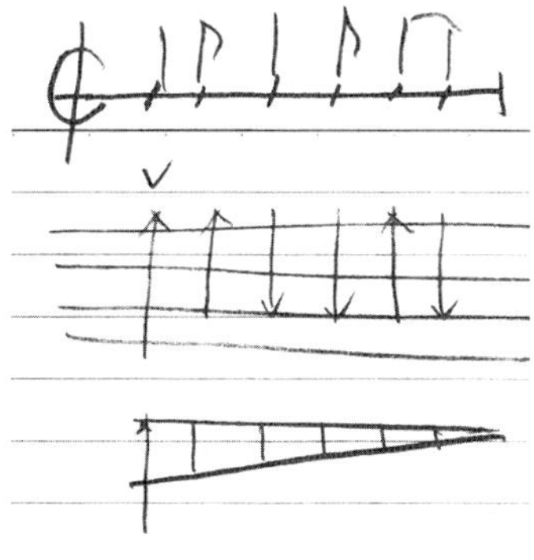

Waltz

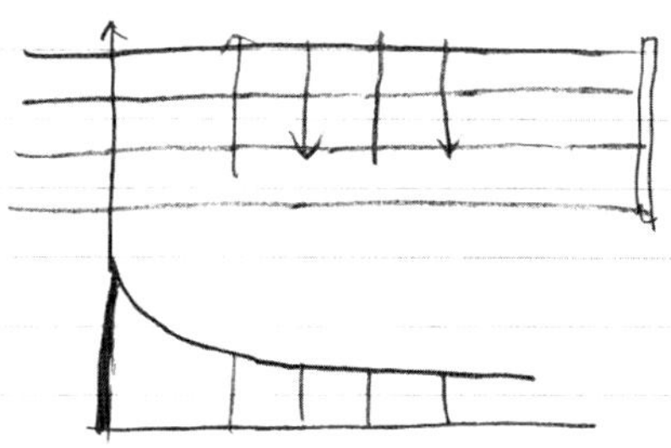

Skate waltz

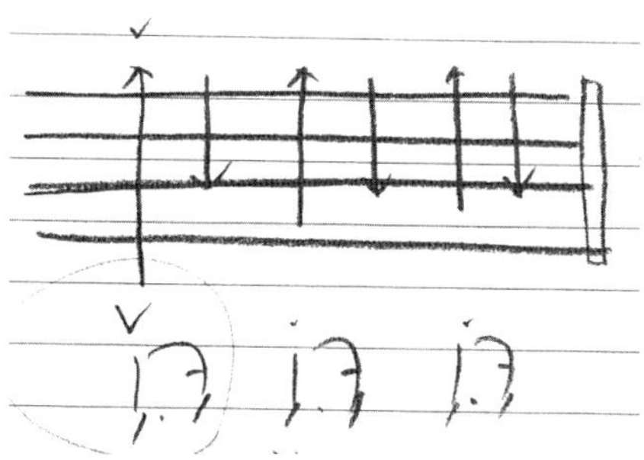

Swing

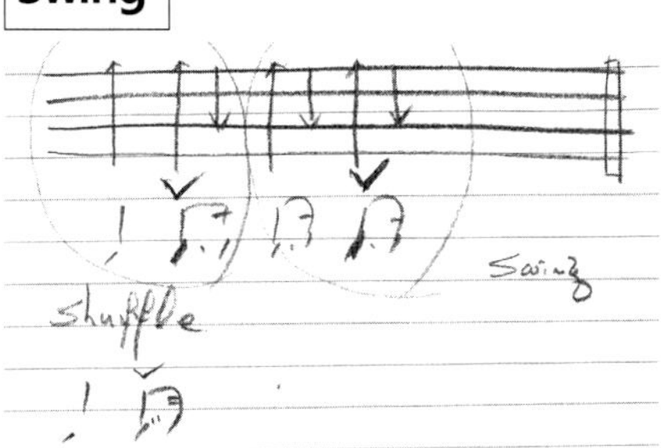

Rumba

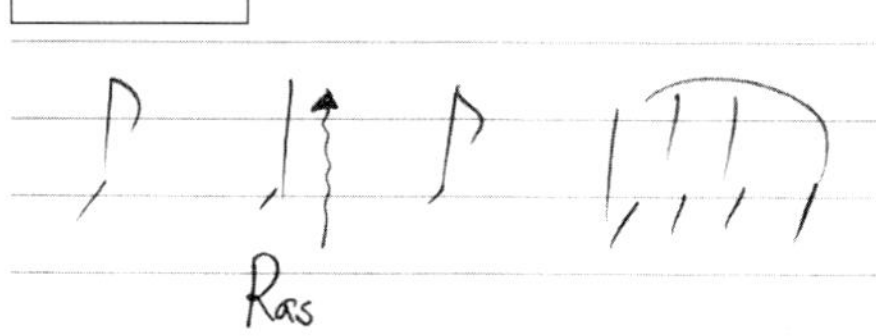

그림: 김윤배

장조와 조표와 주요 3화음(코드 일람표)

조이름	조표	주요3화음(코드)		
C 다 장조	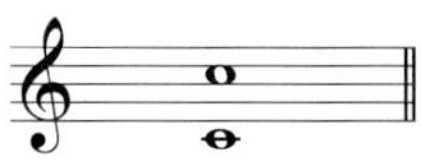	C 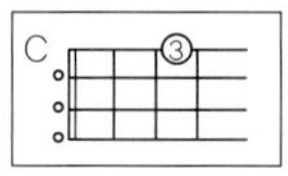	F 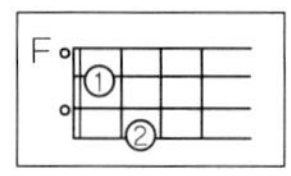	G7 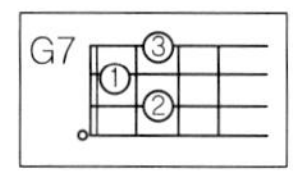
G 사 장조	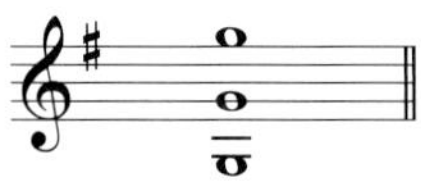	G 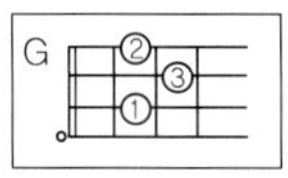	C 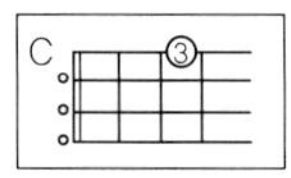	D7 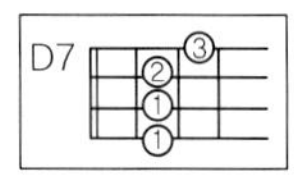
D 라 장조	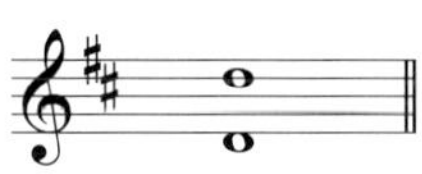	D 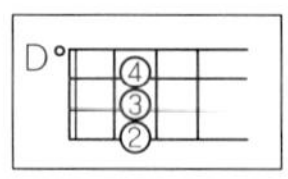	G 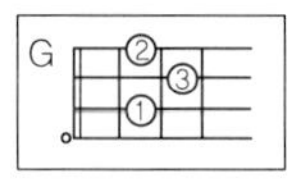	A7 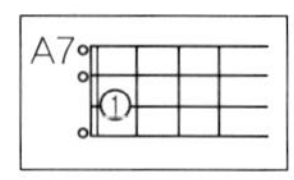
A 가 장조	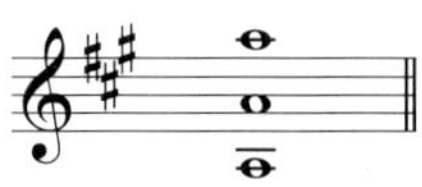	A 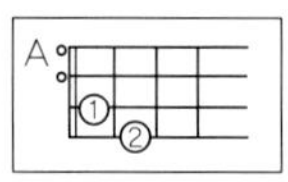	D 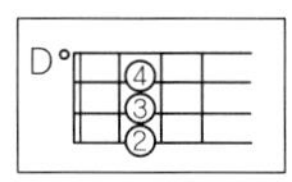	E7 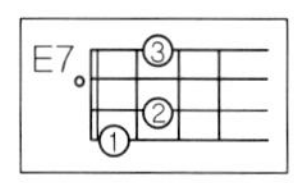
E 마 장조	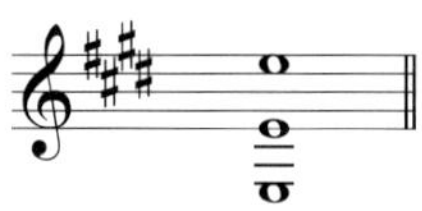	E 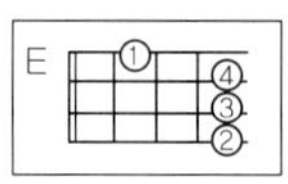	A 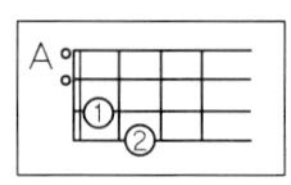	B7 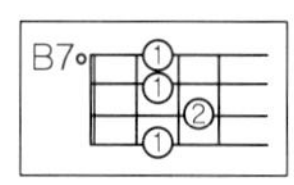
B 나 장조		B 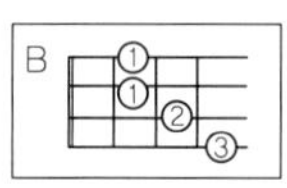	E 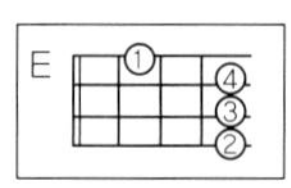	F#7 (G♭7) 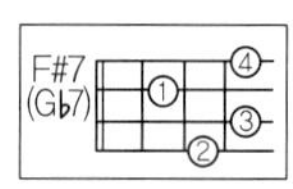
F 바 장조	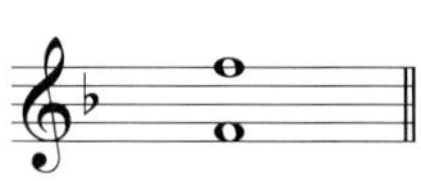	F 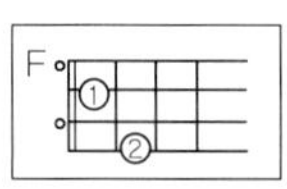	B♭ (A#) 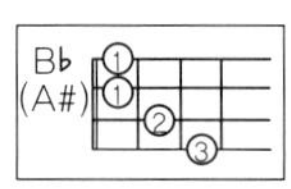	C7 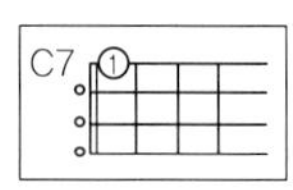

용어

샵　　♭ 프렛　　m 마이너　　M 메이저

✚ 몸으로 화음(1~7도)을 익혀 보세요.

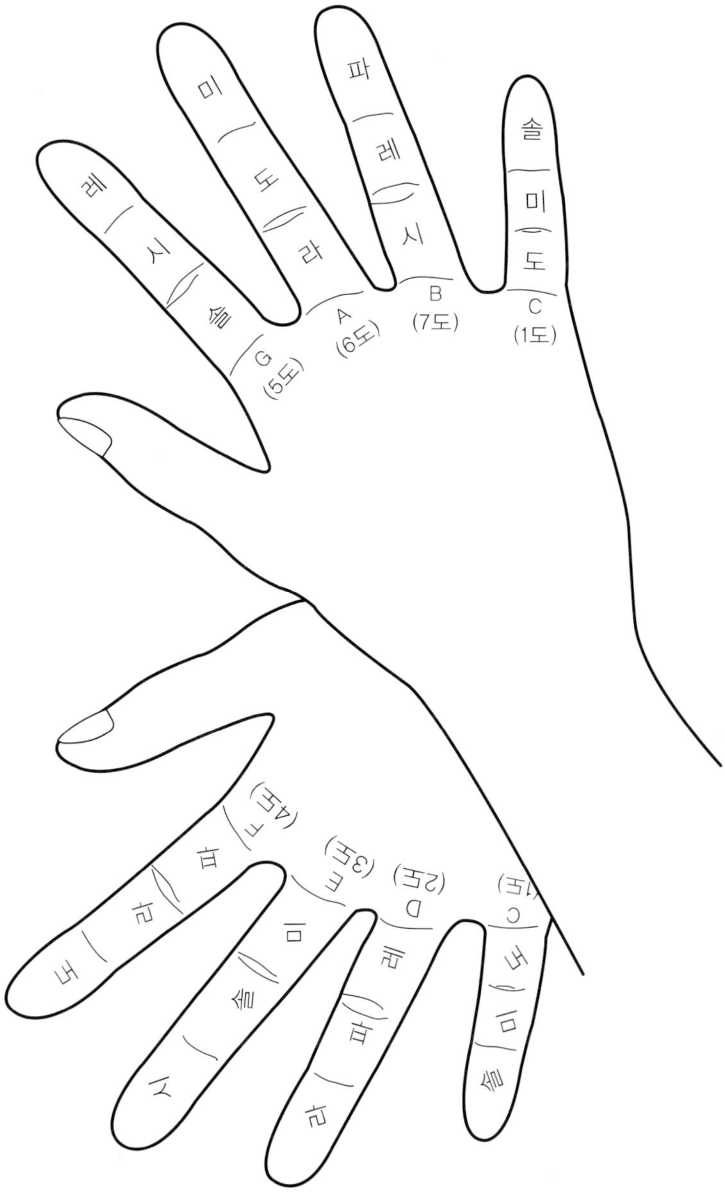

Ukulele와의 여정

C장조

C, C7, F, Dm, Am, G7, D, D7

C

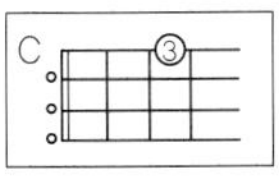

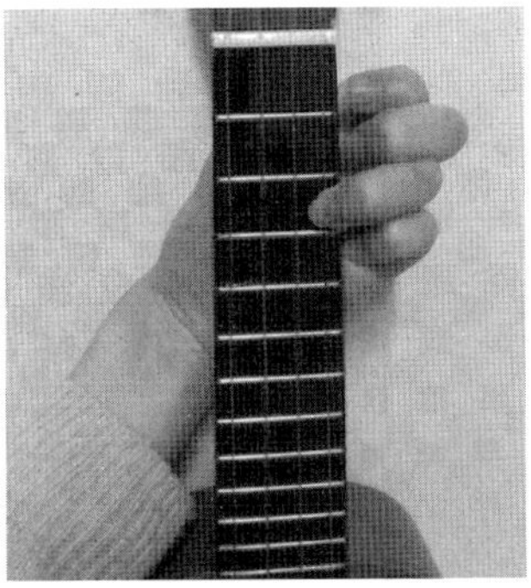

C7

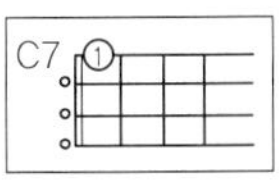

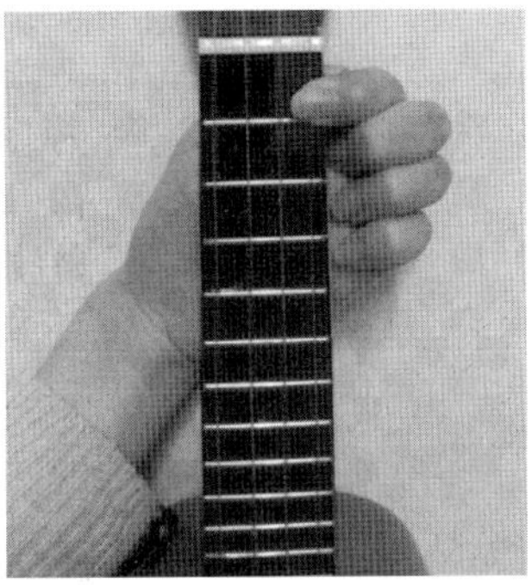

F

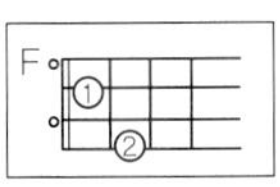

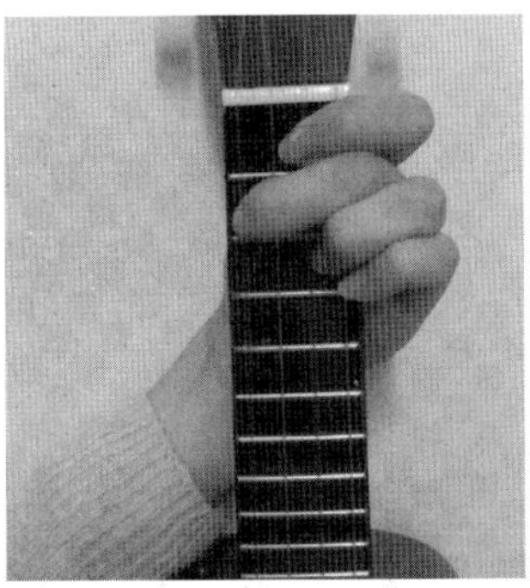

Dm

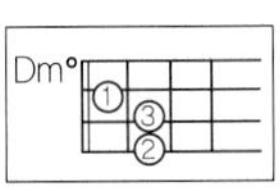

Am

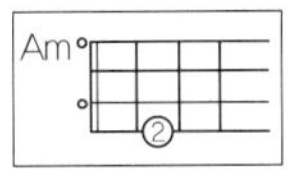

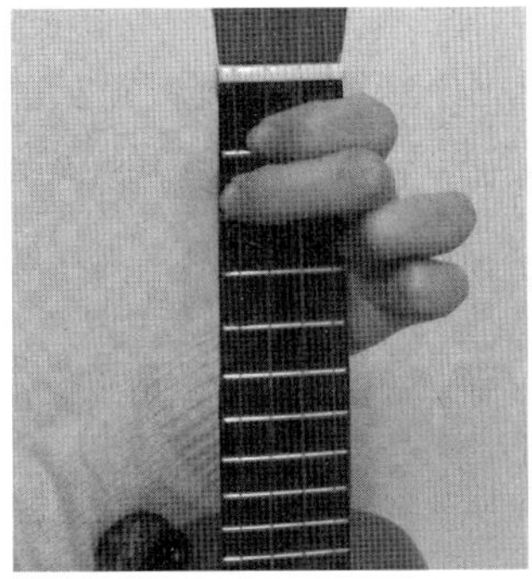

G7

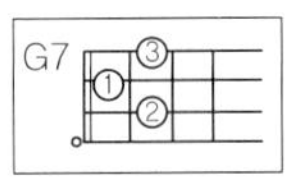

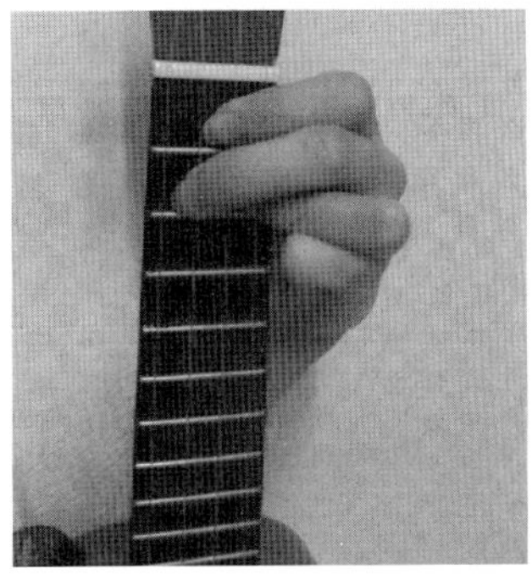

D

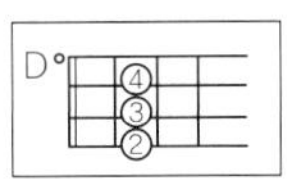

D7

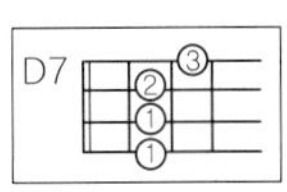

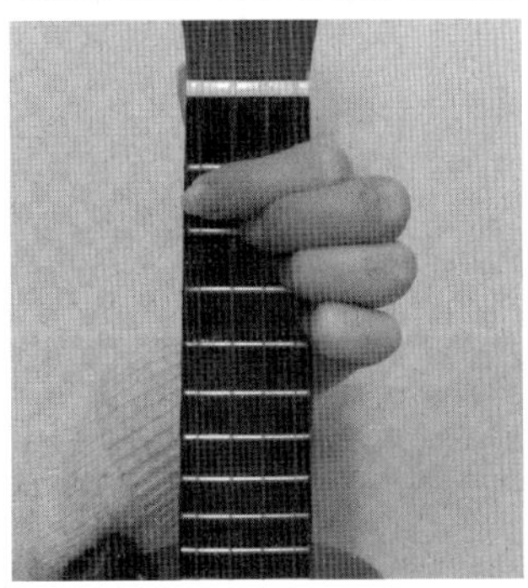

모델: 이인선

▶▶ U_1

달팽이집

이 노랫말과 연상하여 무엇이 그려지나요?
지금 여기에서 내 삶의 일부분이 될 수 있기를… (내 마음의 정서는…?)

작사 미상
최병일 작곡

*D.S.(달세뇨): 𝄋(세뇨)로 돌아가서 *Fine*(피네)에서 마친다.

사용된 코드

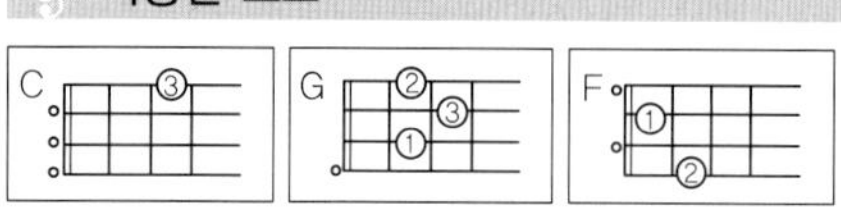

사용된 음표와 쉼표

♪ 8분음표 반박자
♩ 4분음표 1박자
𝅗𝅥 2분음표 2박자

▶▶U_2

싹 트네

이 노랫말과 연상하여 무엇이 그려지나요?
지금 여기에서 내 삶의 일부분이 될 수 있기를… (내 마음의 정서는…?)

정정명 작사
전기영 작곡

* 이음줄: 부드럽게 이어서 연주

사용된 코드

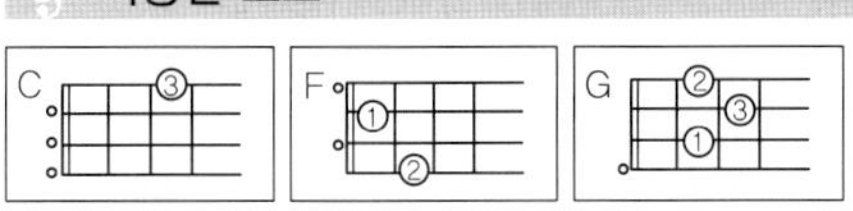

사용된 음표와 쉼표

- ♪ 8분음표 반박자
- ♩ 4분음표 1박자
- ♩. 점4분음표 1박자반
- 𝅗𝅥. 점2분음표 3박자
- 𝄽 점4분쉼표 1박자 쉰다

▶▶U_3

하나님 만드신 나

이 노랫말과 연상하여 무엇이 그려지나요?
지금 여기에서 내 삶의 일부분이 될 수 있기를… (내 마음의 정서는…?)

서광일 작사
서광일 작곡

*붙임줄: 한 음처럼 붙여서 연주

사용된 코드

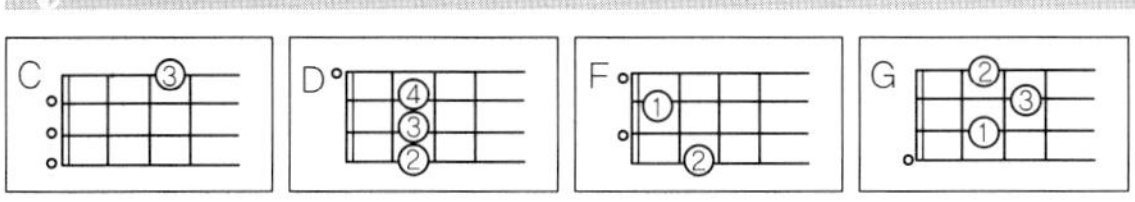

사용된 음표와 쉼표

- ♪ 8분음표 반박자
- ♩ 4분음표 1박자
- ♩. 점4분음표 1박자반
- 𝅗𝅥. 점2분음표 3박자
- 𝄾 8분쉼표 반박자
- 𝄽 4분쉼표 1박자 쉰다

▶▶U_4

엄마아빠

이 노랫말과 연상하여 무엇이 그려지나요?
지금 여기에서 내 삶의 일부분이 될 수 있기를… (내 마음의 정서는…?)

박경종 작사
김성태 작곡

사용된 코드

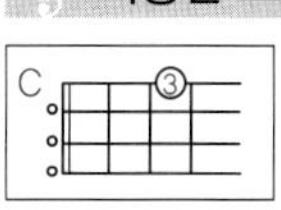

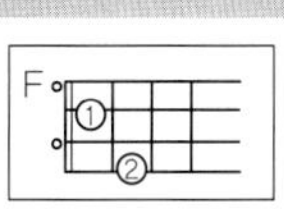

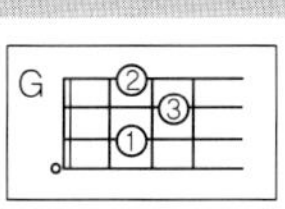

사용된 음표와 쉼표

𝅘𝅥𝅯 16분음표 반의반박자
♪ 8분음표 반박자
♩ 4분음표 1박자
♩. 점4분음표 1박자반
𝄾 8분쉼표 반박자 쉰다

▶U_5

로 케 트

이 노랫말과 연상하여 무엇이 그려지나요?
지금 여기에서 내 삶의 일부분이 될 수 있기를… (내 마음의 정서는…?)

유경순 작사
유경순 작곡

*붙임줄 : 한 음처럼 붙여서 연주
** 이음줄 : 부드럽게 이어서 연주

사용된 코드

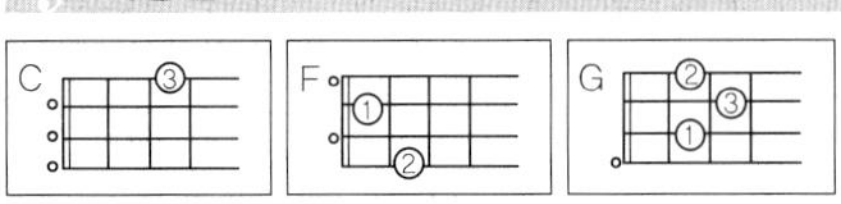

사용된 음표와 쉼표

16분음표 반의반박자
점8분음표 반박자반
4분음표 1박자
2분음표 2박자
점2분음표 3박자
4분쉼표 1박자 쉰다

▶U_6

허수아비 아저씨

이 노랫말과 연상하여 무엇이 그려지나요?
지금 여기에서 내 삶의 일부분이 될 수 있기를… (내 마음의 정서는…?)

김규환 작사
김규환 작곡

사용된 코드

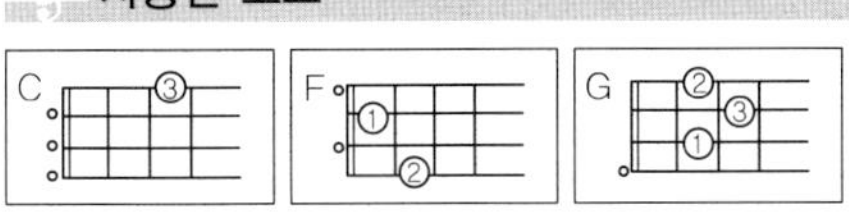

사용된 음표와 쉼표

- ♪ 8분음표 반박자
- ♩ 4분음표 1박자
- 𝅗𝅥 2분음표 2박자
- 𝄽 4분쉼표 1박자 쉰다

▶▶U_7

유치원에 갑니다

이 노랫말과 연상하여 무엇이 그려지나요?
지금 여기에서 내 삶의 일부분이 될 수 있기를… (내 마음의 정서는…?)

김성균 작사
김성균 작곡

사용된 코드

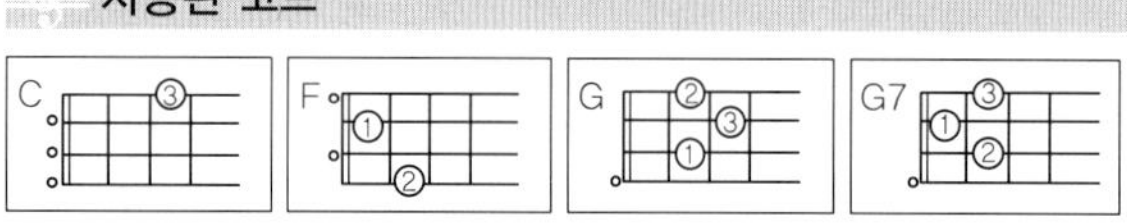

사용된 음표와 쉼표

- ♪ 8분음표 반박자
- ♩ 4분음표 1박자
- ♩. 점4분음표 1박자반
- 𝅗𝅥 2분음표 2박자
- 𝄽 4분쉼표 1박자 쉰다

▶▶U_8

눈

이 노랫말과 연상하여 무엇이 그려지나요?
지금 여기에서 내 삶의 일부분이 될 수 있기를··· (내 마음의 정서는···?)

이태선 작사
박재훈 작곡

* 이음줄: 부드럽게 이어서 연주

사용된 코드

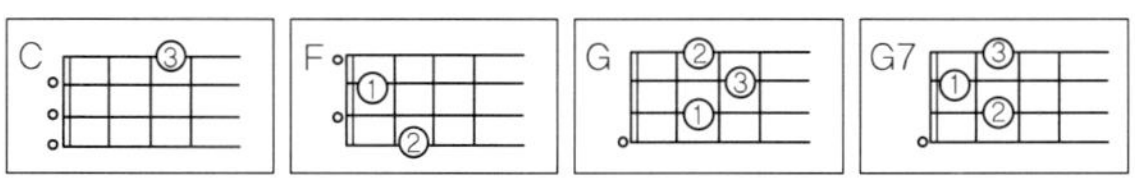

사용된 음표와 쉼표

- ♪ 8분음표 반박자
- ♩ 4분음표 1박자
- ♩. 점4분음표 1박자반
- 𝅗𝅥 2분음표 2박자
- 𝄽 4분쉼표 1박자 쉰다

▶U_9

어린이 노래

이 노랫말과 연상하여 무엇이 그려지나요?
지금 여기에서 내 삶의 일부분이 될 수 있기를… (내 마음의 정서는…?)

유경손 작사
나운영 작곡

* 이음줄 : 부드럽게 이어서 연주
** 붙임줄 : 한 음처럼 붙여서 연주

사용된 코드

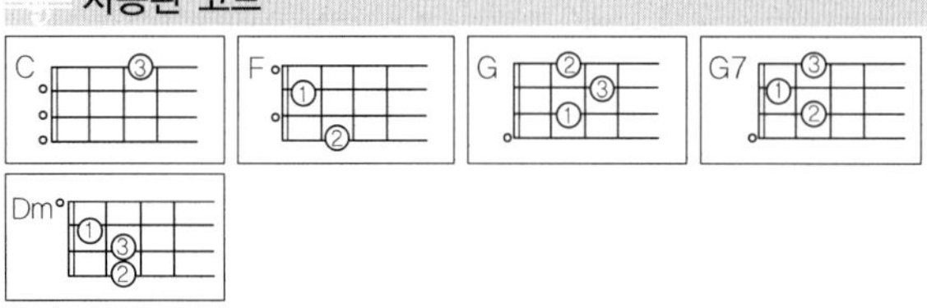

사용된 음표와 쉼표

- 16분음표 반의반박자
- 8분음표 반박자
- 점8분음표 반박자반
- 4분음표 1박자
- 2분음표 2박자
- 점2분음표 3박자
- 4분쉼표 1박자 쉰다

▶▶ U_10

꼬마 눈사람

이 노랫말과 연상하여 무엇이 그려지나요?
지금 여기에서 내 삶의 일부분이 될 수 있기를… (내 마음의 정서는…?)

강소천 작사
한용희 작곡

사용된 코드

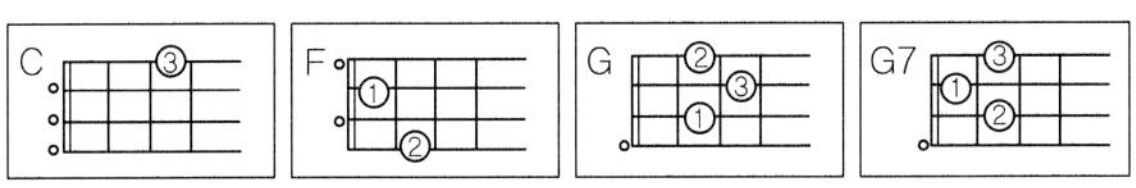

사용된 음표와 쉼표

- 16분음표 반의반박자
- 8분음표 반박자
- 4분음표 1박자
- 점4분음표 1박자반
- 8분쉼표 반박자 쉰다

▶ U_11

안전 운전

이 노랫말과 연상하여 무엇이 그려지나요?
지금 여기에서 내 삶의 일부분이 될 수 있기를… (내 마음의 정서는…?)

권종애 작사
권종애 작곡

사용된 코드

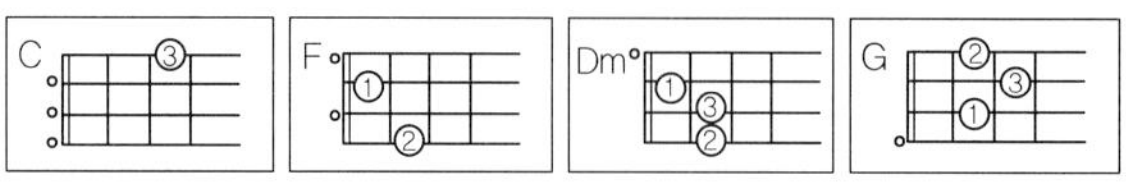

사용된 음표와 쉼표

- 16분음표 반의반박자
- 점8분음표 반박자반
- 4분음표 1박자
- 점4분음표 1박자반
- 8분쉼표 반박자 쉰다

▶U_12

사과 같은 내 얼굴

이 노랫말과 연상하여 무엇이 그려지나요?
지금 여기에서 내 삶의 일부분이 될 수 있기를… (내 마음의 정서는…?)

김방옥 작사
외국 곡

사용된 코드

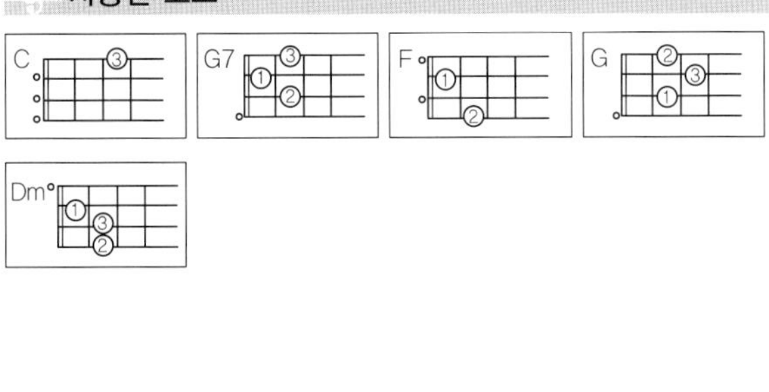

사용된 음표와 쉼표

♪ 8분음표 반박자
♩ 4분음표 1박자
𝅗𝅥 2분음표 2박자

▶ U_13

우리는 씨를 뿌려요

이 노랫말과 연상하여 무엇이 그려지나요?
지금 여기에서 내 삶의 일부분이 될 수 있기를… (내 마음의 정서는…?)

김진영 작사
김진영 작곡

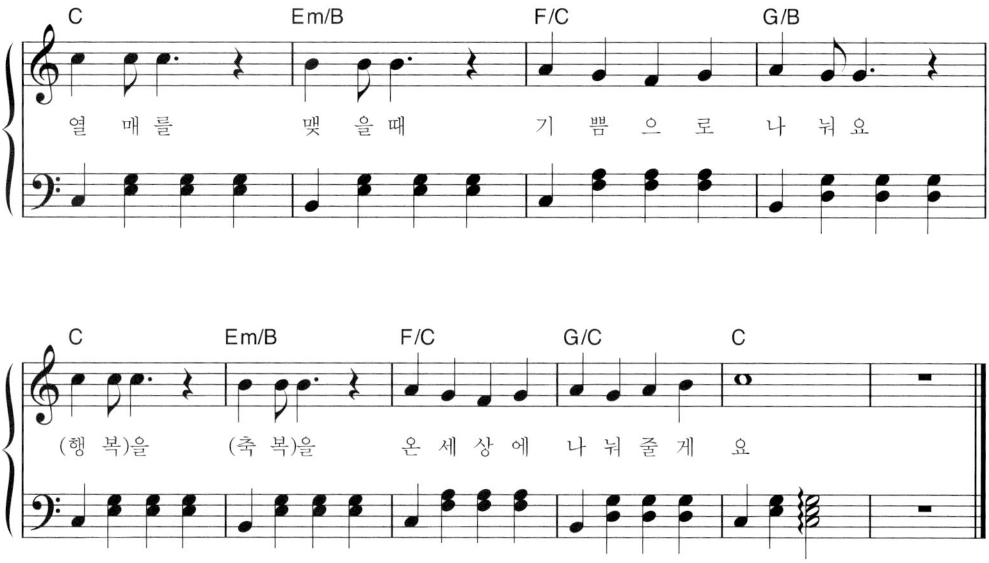

C＝박자표로 4분의 4박자

사용된 코드

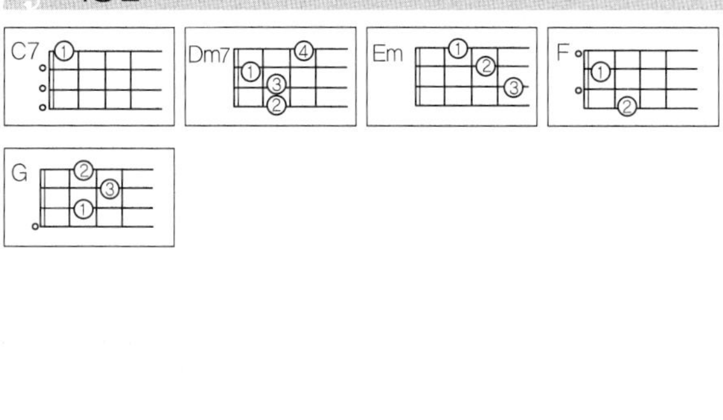

사용된 음표와 쉼표

- ♪ 8분음표 반박자
- ♩ 4분음표 1박자
- ♩. 점4분음표 1박자반
- 𝅗𝅥 2분음표 2박자
- 𝅝 온음표 4박자
- 𝄽 4분쉼표 1박자 쉰다
- 𝄼 2분쉼표 2박자 쉰다
- 𝄻 온쉼표 4박자 쉰다

▶▶ U_14

동물농장

이 노랫말과 연상하여 무엇이 그려지나요?
지금 여기에서 내 삶의 일부분이 될 수 있기를… (내 마음의 정서는…?)

전석환 작사
로드바기스 작곡

𝄐(페르마타) 늘임표 : 음을 2~3배 늘여서 연주
𝄆 𝄇(도돌이표) : 다시 한 번 반복해서 연주한다.
* 붙임줄 : 한 음처럼 붙여서 연주

사용된 코드

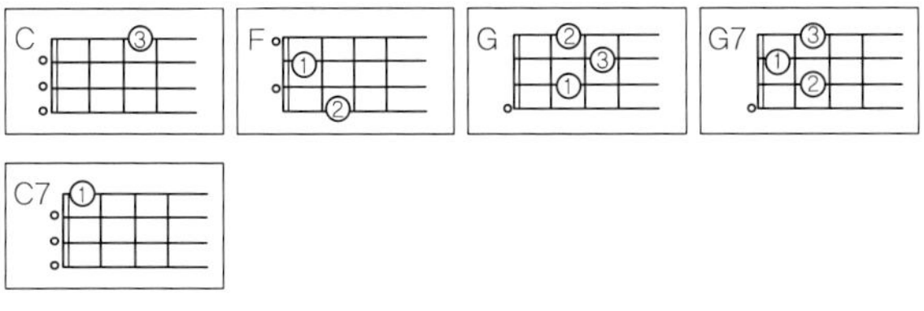

사용된 음표와 쉼표

- ♪ 8분음표 반박자
- ♩ 4분음표 1박자
- 𝅗𝅥 2분음표 2박자
- 𝅗𝅥. 점2분음표 3박자
- ♪𝅗𝅥 4~5박 정도의 길이
- 𝄽 4분쉼표 1박자 쉰다

U_15

둘이 살짝

이 노랫말과 연상하여 무엇이 그려지나요?
지금 여기에서 내 삶의 일부분이 될 수 있기를··· (내 마음의 정서는···?)

박경문 작사
김방옥 작곡

* *D.S.*(달세뇨) : 𝄋(세뇨)로 돌아가서 *Fine*(피네)에서 마친다.

사용된 코드

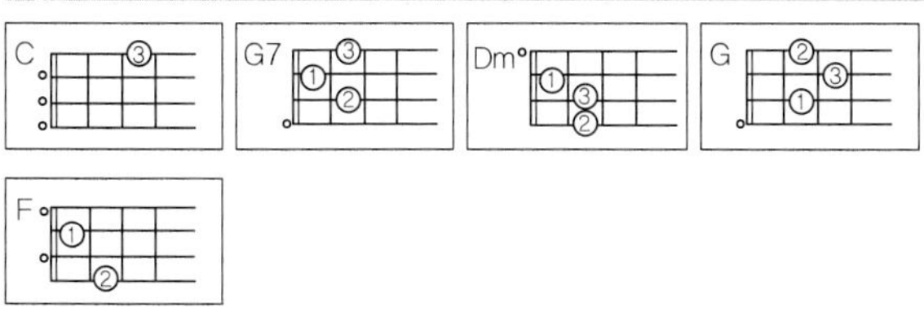

사용된 음표와 쉼표

𝅘𝅥𝅯 16분음표 반의반박자
𝅗𝅥 2분음표 2박자
𝅘𝅥𝅮. 점8분음표 반박자반
셋잇단음표 1박자
𝅘𝅥 4분음표 1박자
𝄽 4분쉼표 1박자 쉰다

▶ U_16

참 재미있었지

이 노랫말과 연상하여 무엇이 그려지나요?
지금 여기에서 내 삶의 일부분이 될 수 있기를… (내 마음의 정서는…?)

김성균 작사
김성균 작곡

* 붙임줄 : 한 음처럼 붙여서 연주
** 이음줄 : 부드럽게 이어서 연주

사용된 코드

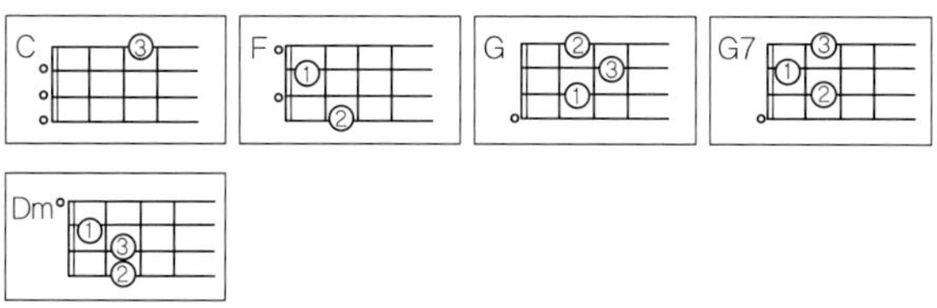

사용된 음표와 쉼표

♪ 8분음표 반박자
♩ 4분음표 1박자
♩. 점4분음표 1박자반
𝅗𝅥 2분음표 2박자
𝅗𝅥. 점2분음표 3박자
𝄽 4분쉼표 1박자 쉰다

▶▶U_17

마귀할멈과 유리공주

이 노랫말과 연상하여 무엇이 그려지나요?
지금 여기에서 내 삶의 일부분이 될 수 있기를… (내 마음의 정서는…?)

문형만 작사
문형만 작곡

사용된 코드

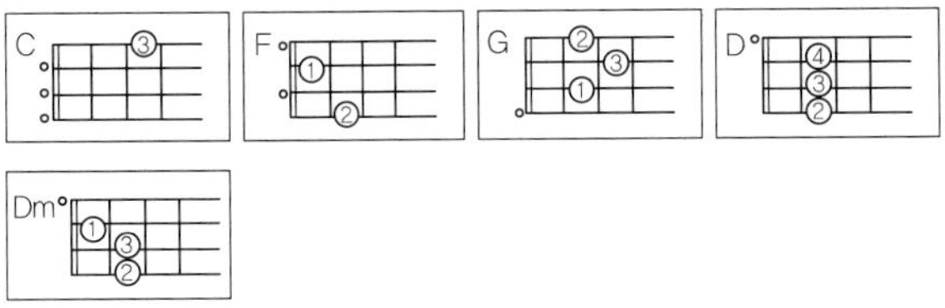

사용된 음표와 쉼표

- 16분음표 반의반박자
- 점8분음표 반박자반
- 4분음표 1박자
- 2분음표 2박자
- 점2분음표 3박자
- 4분쉼표 1박자 쉰다

▶▶ U_18

돌과 물

이 노랫말과 연상하여 무엇이 그려지나요?
지금 여기에서 내 삶의 일부분이 될 수 있기를… (내 마음의 정서는…?)

윤석중 작사
전석환 작곡

사용된 코드

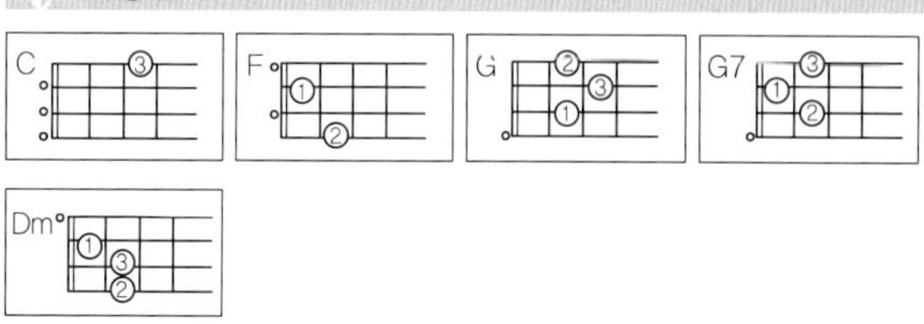

사용된 음표와 쉼표

- 16분음표 반의반박자
- 8분음표 반박자
- 점8분음표 반박자반
- 4분음표 1박자
- 점4분음표 1박자반
- 2분음표 2박자

▶ U_19

봄 비

이 노랫말과 연상하여 무엇이 그려지나요?
지금 여기에서 내 삶의 일부분이 될 수 있기를… (내 마음의 정서는…?)

김성균 작사
김성균 작곡

사용된 코드

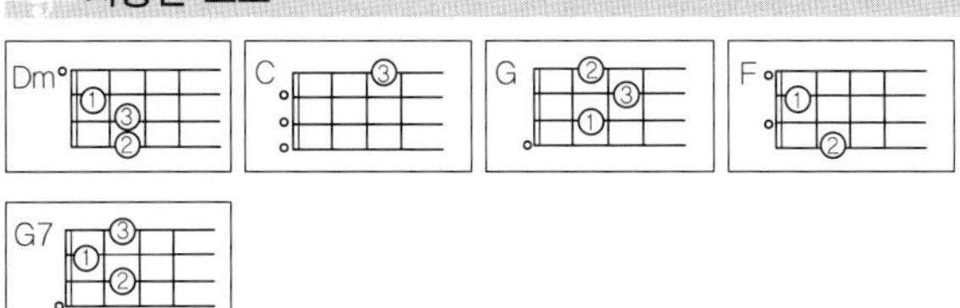

사용된 음표와 쉼표

♪ 8분음표 반박자
♩ 4분음표 1박자
𝅗𝅥 2분음표 2박자
𝅗𝅥. 점2분음표 3박자
𝄽 4분쉼표 1박자 쉰다

▶U_20

다섯 손가락

이 노랫말과 연상하여 무엇이 그려지나요?
지금 여기에서 내 삶의 일부분이 될 수 있기를… (내 마음의 정서는…?)

김성균 작사
김성균 작곡

𝄆 𝄇(도돌이표): 다시 한 번 반복해서 연주한다.

사용된 코드

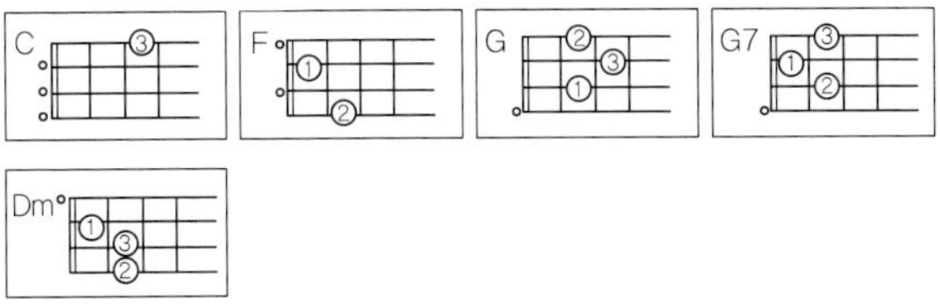

사용된 음표와 쉼표

- 16분음표 반의반박자
- 8분음표 반박자
- 점8분음표 반박자반
- 4분음표 1박자
- 2분음표 2박자

▶ U_21

봄 님

이 노랫말과 연상하여 무엇이 그려지나요?
지금 여기에서 내 삶의 일부분이 될 수 있기를… (내 마음의 정서는…?)

김성균 작사
김성균 작곡

* 붙임줄: 한 음처럼 붙여서 연주

사용된 코드

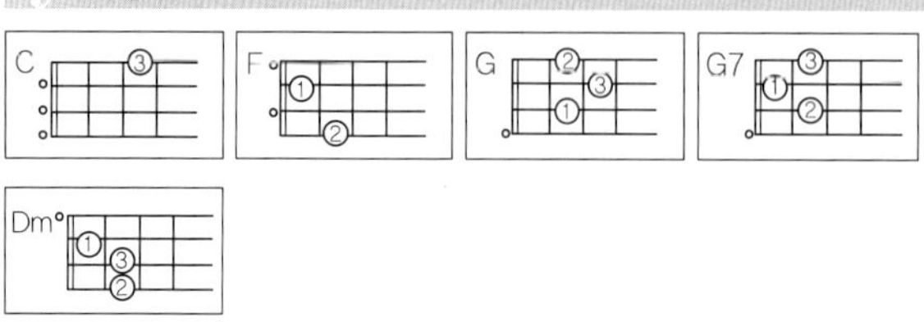

사용된 음표와 쉼표

- ♪ 8분음표 반박자
- ♩ 4분음표 1박자
- ♩. 점4분음표 1박자반
- 𝅗𝅥 2분음표 2박자
- 𝅗𝅥. 점2분음표 3박자
- 𝄽 4분쉼표 1박자 쉰다

▶▶ U_22

그대로 멈춰라

이 노랫말과 연상하여 무엇이 그려지나요?
지금 여기에서 내 삶의 일부분이 될 수 있기를… (내 마음의 정서는…?)

김방옥 작사
김방옥 작곡

사용된 코드

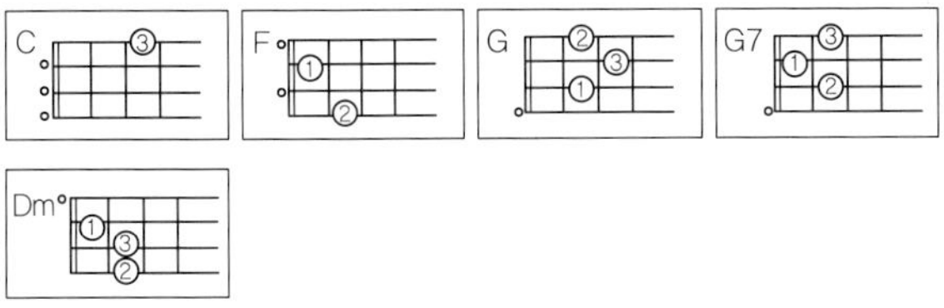

사용된 음표와 쉼표

- 16분음표 반의반박자
- 8분음표 반박자
- 점8분음표 반박자반
- 4분음표 1박자
- 2분음표 2박자
- 점2분음표 3박자
- 4분쉼표 1박자 쉰다
- 2분쉼표 2박자 쉰다

▶U_23

개 구 리

이 노랫말과 연상하여 무엇이 그려지나요?
지금 여기에서 내 삶의 일부분이 될 수 있기를… (내 마음의 정서는…?)

이동찬 작사
홍난파 작곡

사용된 코드

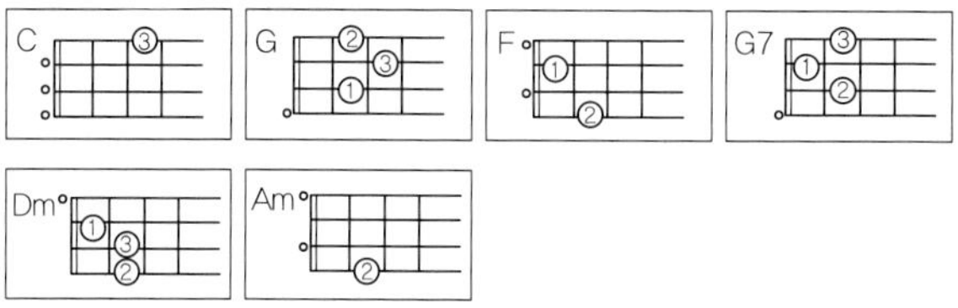

사용된 음표와 쉼표

- ♪ 8분음표 반박자
- ♩ 4분음표 1박자
- ♩. 점4분음표 1박자반
- 𝄾 8분쉼표 반박자

▶▶U_24

통 통 통

이 노랫말과 연상하여 무엇이 그려지나요?
지금 여기에서 내 삶의 일부분이 될 수 있기를… (내 마음의 정서는…?)

김성균 작사
김성균 작곡

* 붙임줄 : 한 음처럼 붙여서 연주
** 이음줄 : 부드럽게 이어서 연주

사용된 코드

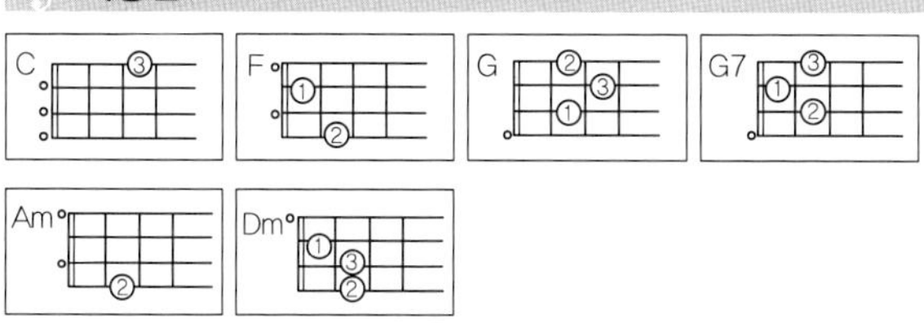

사용된 음표와 쉼표

- 16분음표 반의반박자
- 점8분음표 반박자반
- 4분음표 1박자
- 2분음표 2박자
- 4분쉼표 1박자 쉰다
- 2분쉼표 2박자 쉰다

▶U_25

예쁜 선물

이 노랫말과 연상하여 무엇이 그려지나요?
지금 여기에서 내 삶의 일부분이 될 수 있기를… (내 마음의 정서는…?)

권종애 작사
권종애 작곡

* 붙임줄 : 한 음처럼 붙여서 연주

사용된 코드

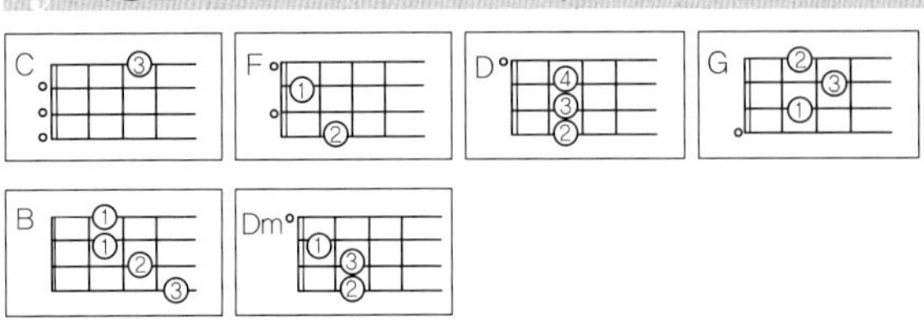

사용된 음표와 쉼표

- 16분음표 반의반박자
- 점8분음표 반박자반
- 8분음표 반박자
- 4분음표 1박자

▶U_26

그냥 두고 나갔더니

이 노랫말과 연상하여 무엇이 그려지나요?
지금 여기에서 내 삶의 일부분이 될 수 있기를… (내 마음의 정서는…?)

김성균 작사
김성균 작곡

사용된 코드

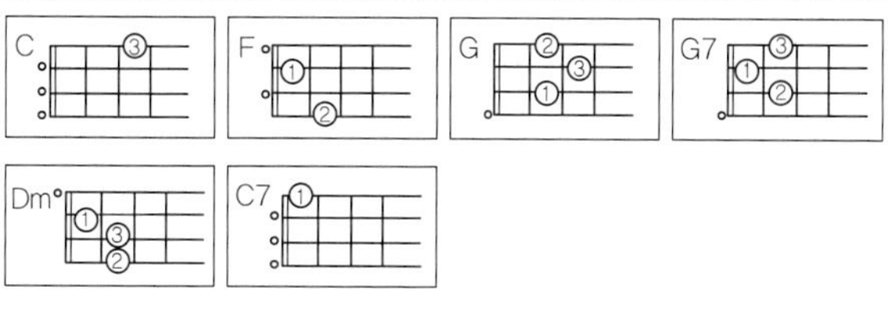

사용된 음표와 쉼표

- ♪ 8분음표 반박자
- ♩ 4분음표 1박자
- 점2분음표 3박자
- 𝄽 4분쉼표 1박자 쉰다
- 꾸밈음

▶U_27

세계의 아침 인사

이 노랫말과 연상하여 무엇이 그려지나요?
지금 여기에서 내 삶의 일부분이 될 수 있기를… (내 마음의 정서는…?)

윤현진 작사
윤현진 작곡

* $\frac{6}{8}$박자 노래는 ♪(8분음표)를 한 박으로 본다.

** 붙임줄: 한 음처럼 연주하므로 5박자 동안 연주한다.

사용된 코드

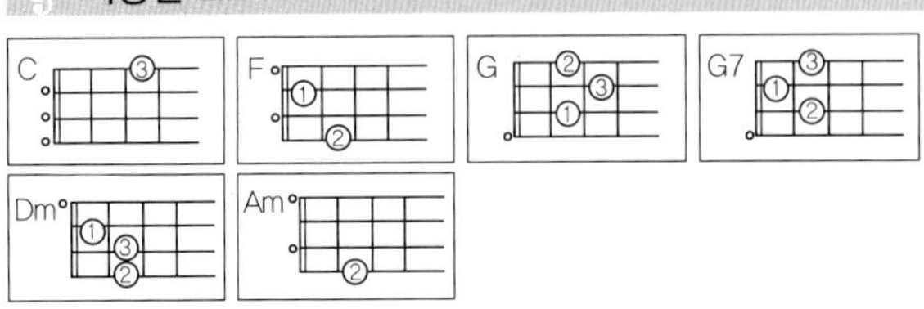

사용된 음표와 쉼표

♪ 8분음표 1박자
♩ 4분음표 2박자
♩. 점4분음표 3박자
𝄾 8분쉼표 반박자

▶▶ U_28

나 무 야

이 노랫말과 연상하여 무엇이 그려지나요?
지금 여기에서 내 삶의 일부분이 될 수 있기를… (내 마음의 정서는…?)

강소천 작사
김공선 작곡

사용된 코드

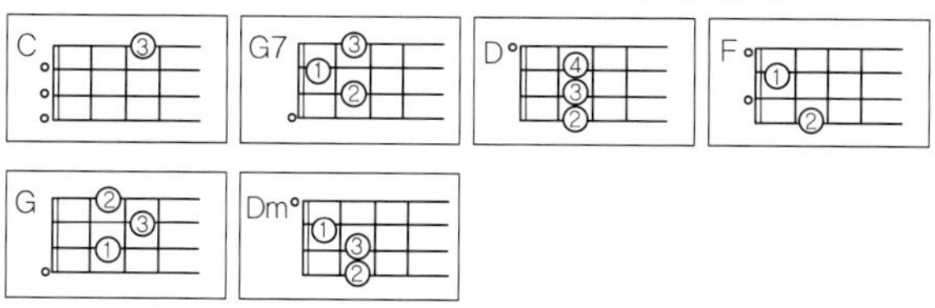

사용된 음표와 쉼표

♪ 8분음표 반박자
♩ 4분음표 1박자
♩. 점4분음표 1박자반
𝅗𝅥 2분음표 2박자
𝅗𝅥. 점2분음표 3박자
𝄽 4분쉼표 1박자 쉰다

▶▶U_29

하얀 나라

이 노랫말과 연상하여 무엇이 그려지나요?
지금 여기에서 내 삶의 일부분이 될 수 있기를… (내 마음의 정서는…?)

김성균 작사
김성균 작곡

* *D.S.*(달세뇨) : 𝄋(세뇨)로 돌아가서 *Fine*(피네)에서 마친다.

사용된 코드

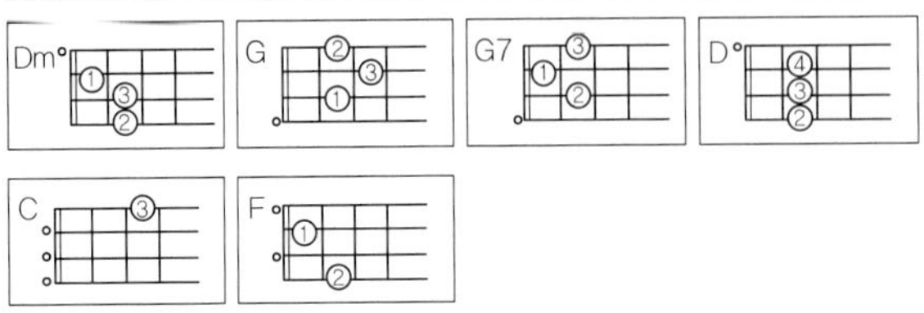

사용된 음표와 쉼표

- ♪ 8분음표 반박자
- ♩ 4분음표 1박자
- 𝅗𝅥 2분음표 2박자
- 𝅗𝅥. 점2분음표 3박자
- 𝄽 4분쉼표 1박자 쉰다

▶▶U_30

우리 동네

이 노랫말과 연상하여 무엇이 그려지나요?
지금 여기에서 내 삶의 일부분이 될 수 있기를… (내 마음의 정서는…?)

김성균 작사
김성균 작곡

* *D.S.*(달세뇨) : 𝄋(세뇨)로 돌아가서 *Fine*(피네)에서 마친다.

사용된 코드

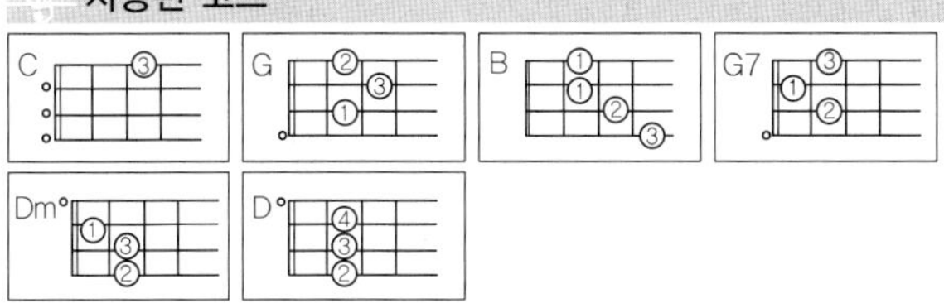

사용된 음표와 쉼표

- ♪ 8분음표 반박자
- ♩ 4분음표 1박자
- ♩. 점4분음표 1박자반
- 𝅗𝅥 2분음표 2박자
- 𝅗𝅥. 점2분음표 3박자

▶▶ U_31

우리 엄마

이 노랫말과 연상하여 무엇이 그려지나요?
지금 여기에서 내 삶의 일부분이 될 수 있기를… (내 마음의 정서는…?)

양한나 작사
김성균 작곡

사용된 코드

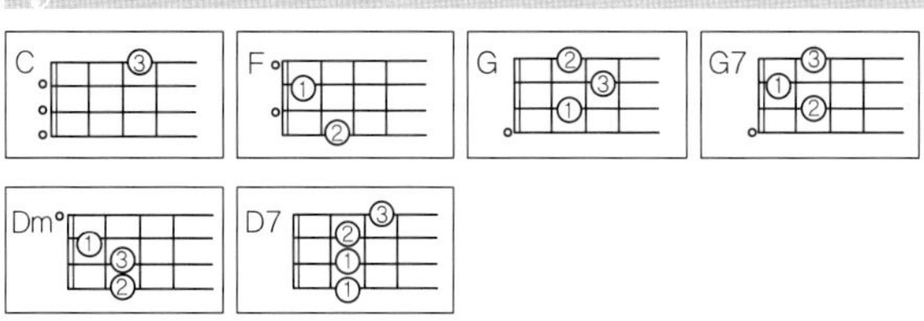

사용된 음표와 쉼표

♪ 8분음표 반박자
♩ 4분음표 1박자
♩. 점4분음표 1박자반
𝅗𝅥 2분음표 2박자
𝅗𝅥. 점2분음표 3박자
𝄽 4분쉼표 1박자 쉰다

▶U_32

작은 동물원

이 노랫말과 연상하여 무엇이 그려지나요?
지금 여기에서 내 삶의 일부분이 될 수 있기를… (내 마음의 정서는…?)

김성균 작사
김성균 작곡

* >(악센트): 그 음을 특히 세게 연주
** 이음줄: 부드럽게 이어서 연주
*** 붙임줄: 한 음처럼 붙여서 연주

사용된 코드

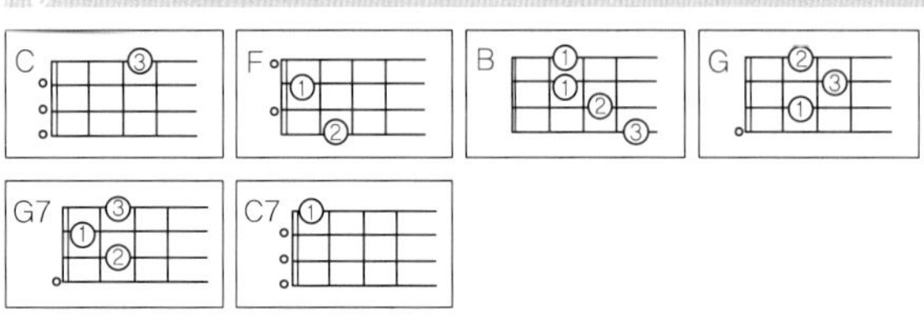

사용된 음표와 쉼표

♪ 8분음표 반박자
♩ 4분음표 1박자
♩. 점4분음표 1박자반
𝅗𝅥 2분음표 2박자
𝅗𝅥. 점2분음표 3박자
𝄽 4분쉼표 1박자 쉰다
𝄼 2분쉼표 2박자 쉰다

▶▶U_33

씨 앗

이 노랫말과 연상하여 무엇이 그려지나요?
지금 여기에서 내 삶의 일부분이 될 수 있기를··· (내 마음의 정서는···?)

김성균 작사
김성균 작곡

* ♪♪♪(3) 셋잇단음표 = ♩ = 1박자

사용된 코드

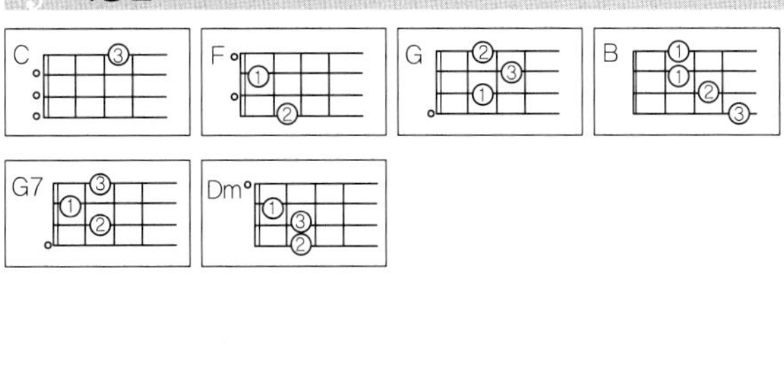

사용된 음표와 쉼표

- 16분음표 반의반박자
- 점8분음표 반박자반
- 4분음표 1박자
- 점4분음표 1박자반
- 점2분음표 3박자
- 4분쉼표 1박자 쉰다
- 2분쉼표 2박자 쉰다

▶▶ U_34

시장잔치

이 노랫말과 연상하여 무엇이 그려지나요?
지금 여기에서 내 삶의 일부분이 될 수 있기를… (내 마음의 정서는…?)

김성균 작사
김성균 작곡

* 이음줄 : 부드럽게 이어서 연주

사용된 코드

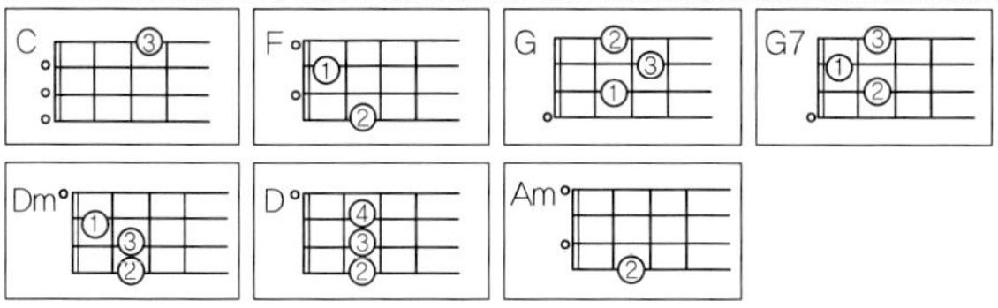

사용된 음표와 쉼표

- 16분음표 반의반박자
- 8분음표 반박자
- 점8분음표 반박자반
- 4분음표 1박자
- 2분음표 2박자
- 점2분음표 3박자

▶U_35

즐거운 여름

이 노랫말과 연상하여 무엇이 그려지나요?
지금 여기에서 내 삶의 일부분이 될 수 있기를… (내 마음의 정서는…?)

김성균 작사
김성균 작곡

사용된 코드

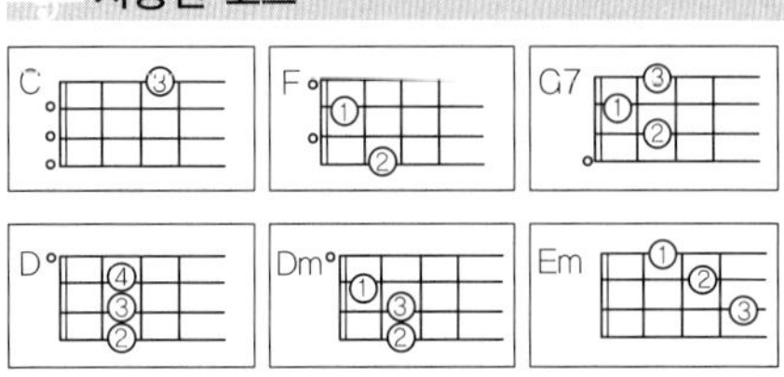

사용된 음표와 쉼표

- 16분음표 반의반박자
- 8분음표 반박자
- 4분음표 1박자
- 점4분음표 1박자반
- 2분음표 2박자
- 8분음표 반박사
- 4분쉼표 1박자 쉰다

▶▶U_36

두 두 두

이 노랫말과 연상하여 무엇이 그려지나요?
지금 여기에서 내 삶의 일부분이 될 수 있기를… (내 마음의 정서는…?)

김성균 작사
김성균 작곡

사용된 코드

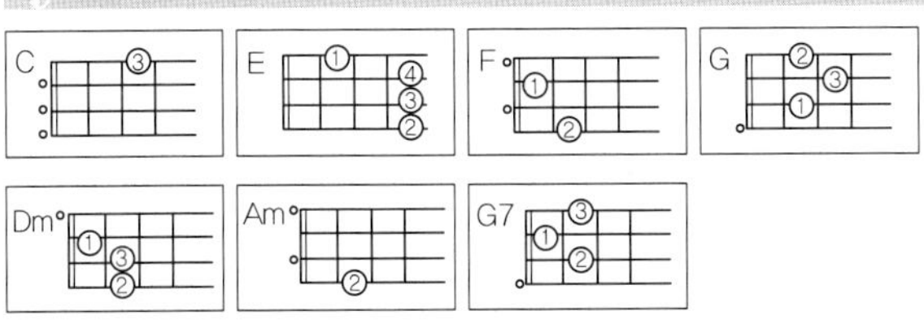

사용된 음표와 쉼표

- ♪ 8분음표 반박자
- ♩ 4분음표 1박자
- ♩. 점4분음표 1박자반
- 𝅗𝅥 2분음표 2박자
- 𝅗𝅥. 점2분음표 3박자
- 𝄽 4분쉼표 1박자 쉰다

▶ U_37

가을 길

이 노랫말과 연상하여 무엇이 그려지나요?
지금 여기에서 내 삶의 일부분이 될 수 있기를… (내 마음의 정서는…?)

김규환 작사
김규환 작곡

* 이음줄 : 부드럽게 이어서 연주

사용된 코드

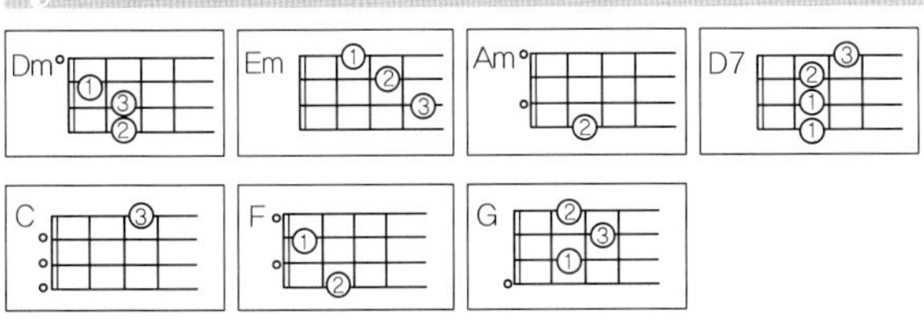

사용된 음표와 쉼표

- ♪ 8분음표 반박자
- ♩ 4분음표 1박자
- 𝄽 4분쉼표 1박자 쉰다

▶ U_38

에델바이스

이 노랫말과 연상하여 무엇이 그려지나요?
지금 여기에서 내 삶의 일부분이 될 수 있기를… (내 마음의 정서는…?)

R. 로저스 작곡

사용된 코드

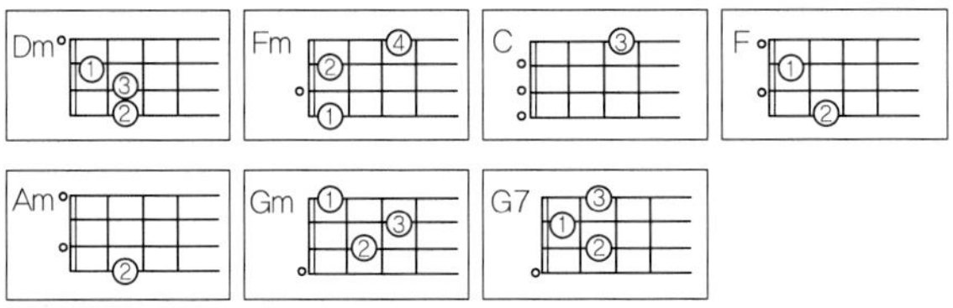

사용된 음표와 쉼표

♪ 8분음표 반박자
♩ 4분음표 1박자
𝅗𝅥 2분음표 2박자
𝅗𝅥. 점2분음표 3박자
𝄾 8분쉼표 반박자 쉰다
𝄽 4분쉼표 1박자 쉰다

▶▶U_39

겨울 바람

이 노랫말과 연상하여 무엇이 그려지나요?
지금 여기에서 내 삶의 일부분이 될 수 있기를… (내 마음의 정서는…?)

백순진 작사
백순진 작곡

*♯(샵) : 임시표로 쓰여서 반음 올려 준다.
** *D.S.*(달세뇨) : 𝄋(세뇨)로 돌아가서 *Fine*(피네)에서 마친다.

사용된 코드

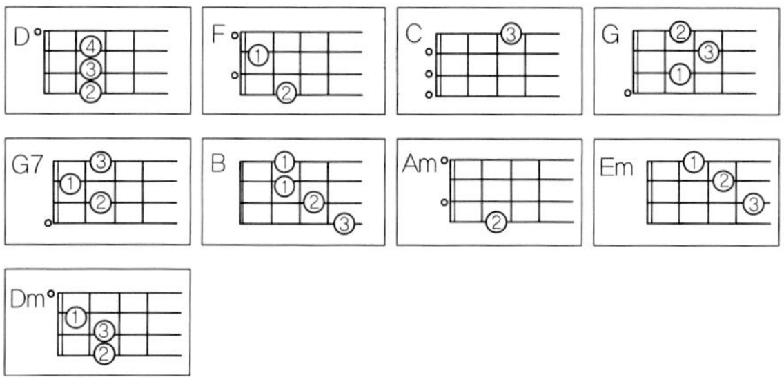

사용된 음표와 쉼표

- 𝅘𝅥𝅯 16분음표 반의반박자
- 𝅘𝅥𝅮. 점8분음표 반박자반
- ♩ 4분음표 1박자
- ♩. 점4분음표 1박자반
- 𝅗𝅥 2분음표 2박자
- 𝅗𝅥. 점2분음표 3박자
- 𝄽 4분쉼표 1박자 쉰다

Ukulele와의 여정

F장조

F, B♭, C7, Gm

F

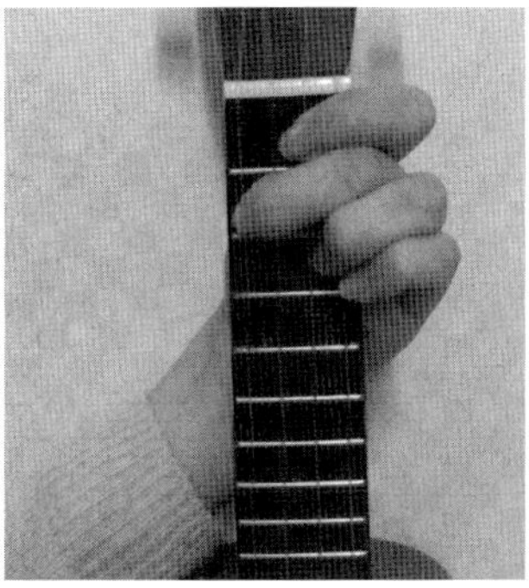

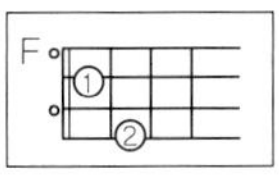

B♭

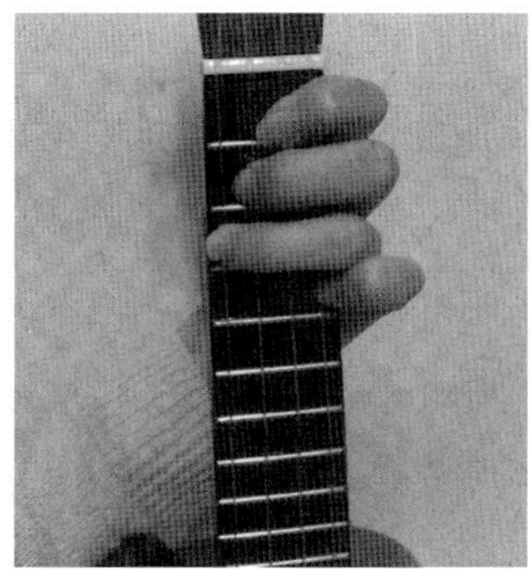

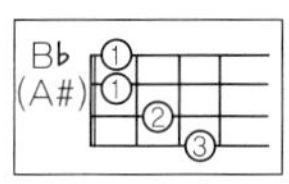

C7

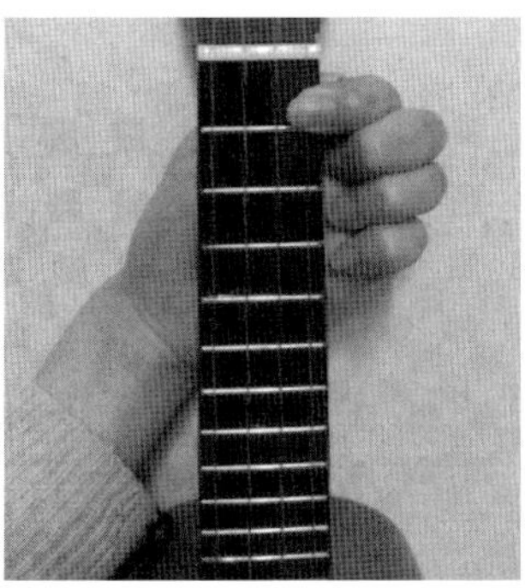

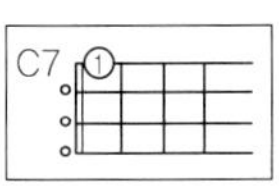

Gm

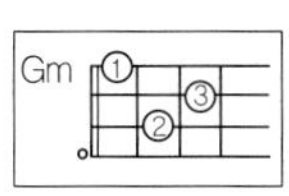

모델: 이인선

▶ U_40

어린음악대

이 노랫말과 연상하여 무엇이 그려지나요?
지금 여기에서 내 삶의 일부분이 될 수 있기를… (내 마음의 정서는…?)

김성도 작사
김성도 작곡

사용된 코드

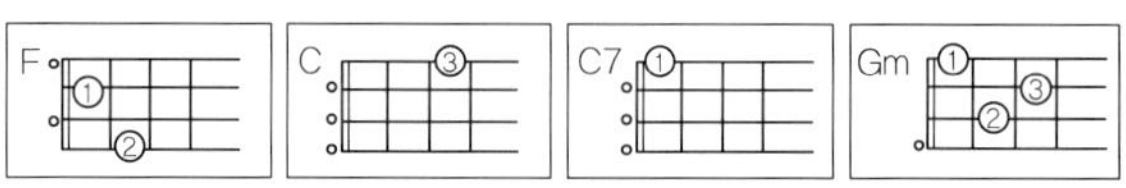

사용된 음표와 쉼표

- ♪ 8분음표 반박자
- ♩ 4분음표 1박자
- 점4분음표 1박자반
- 2분음표 2박자

▶U_41

리듬악기노래

이 노랫말과 연상하여 무엇이 그려지나요?
지금 여기에서 내 삶의 일부분이 될 수 있기를… (내 마음의 정서는…?)

이계석 작사
이계석 작곡

사용된 코드

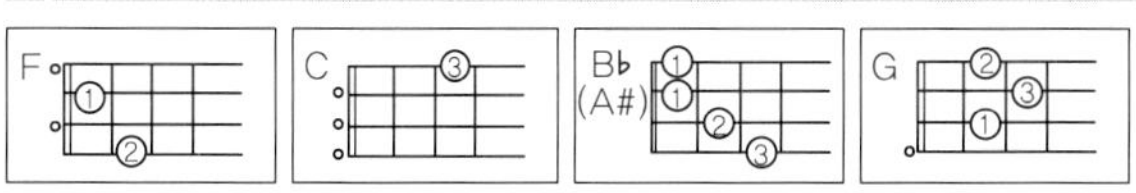

사용된 음표와 쉼표

- 16분음표 반의반박자
- 8분음표 반박자
- 4분음표 1박자
- 점4분음표 1박자반
- 2분음표 2박자
- 점2분음표 3박자
- 8분쉼표 반박자 쉰다
- 4분쉼표 1박자 쉰다

▶U_42

올챙이와 개구리

이 노랫말과 연상하여 무엇이 그려지나요?
지금 여기에서 내 삶의 일부분이 될 수 있기를… (내 마음의 정서는…?)

윤현신 작사
윤현진 작곡

*♯(샾): 임시표로 쓰여서 반음 올려 준다.

사용된 코드

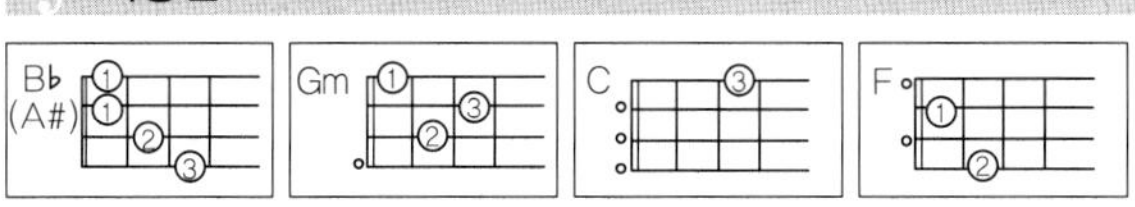

사용된 음표와 쉼표

- ♪ 8분음표 반박자
- ♩. 점4분음표 1박자반
- ♩ 4분음표 1박자
- 𝄽 4분쉼표 1박자 쉰다

▶▶U_43

기린이랑 사슴이랑

이 노랫말과 연상하여 무엇이 그려지나요?
지금 여기에서 내 삶의 일부분이 될 수 있기를… (내 마음의 정서는…?)

김영자 작사
이은렬 작곡

* 이음줄 : 부드럽게 이어서 연주

사용된 코드

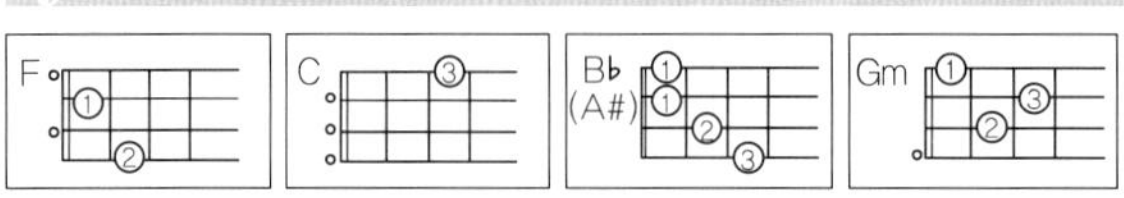

사용된 음표와 쉼표

♪ 8분음표 반박자
♩ 4분음표 1박자
𝅗𝅥. 점2분음표 3박자
𝄽 4분쉼표 1박자 쉰다

▶U_44

병원차와 소방차

이 노랫말과 연상하여 무엇이 그려지나요?
지금 여기에서 내 삶의 일부분이 될 수 있기를… (내 마음의 정서는…?)

유경손 작사
유경손 작곡

사용된 코드

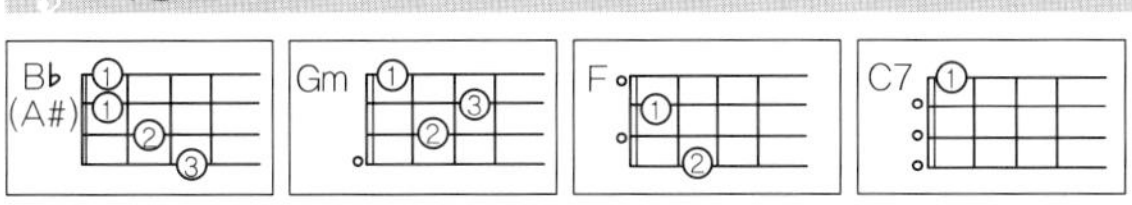

사용된 음표와 쉼표

♪ 8분음표 반박자
♩ 4분음표 1박자
𝅗𝅥 2분음표 2박자

U_45

잉 잉 잉

이 노랫말과 연상하여 무엇이 그려지나요?
지금 여기에서 내 삶의 일부분이 될 수 있기를… (내 마음의 정서는…?)

김성균 작사
김성균 작곡

* 붙임줄: 한 음처럼 붙여서 연주

사용된 코드

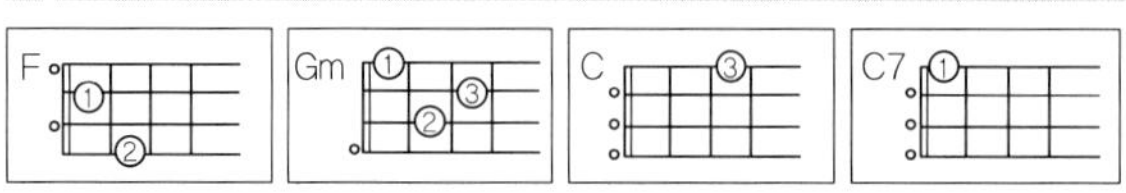

사용된 음표와 쉼표

♪ 8분음표 반박자
♩ 4분음표 1박자
♩. 점4분음표 1박자반
𝄽 4분쉼표 1박자 쉰다

▶▶U_46

닮은 곳이 있대요

이 노랫말과 연상하여 무엇이 그려지나요?
지금 여기에서 내 삶의 일부분이 될 수 있기를… (내 마음의 정서는…?)

김성균 작사
김성균 작곡

사용된 코드

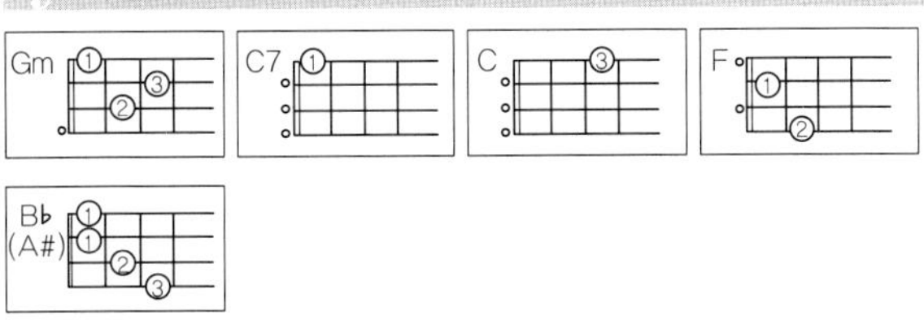

사용된 음표와 쉼표

- 8분음표 반박자
- 4분음표 1박자
- 2분음표 2박자
- 점2분음표 3박자
- 8분쉼표 반박자 쉰다
- 4분쉼표 1박자 쉰다

▶ U_47

괜찮아요

이 노랫말과 연상하여 무엇이 그려지나요?
지금 여기에서 내 삶의 일부분이 될 수 있기를… (내 마음의 정서는…?)

김성균 작사
김성균 작곡

사용된 코드

사용된 음표와 쉼표

- 16분음표 반의반박자
- 점8분음표 반박자반
- 4분음표 1박자
- 2분음표 2박자
- 4분쉼표 1박자 쉰다

▶▶ U_48

사 랑

이 노랫말과 연상하여 무엇이 그려지나요?
지금 여기에서 내 삶의 일부분이 될 수 있기를… (내 마음의 정서는…?)

김성균 작사
김성균 작곡

* 붙임줄 : 한 음처럼 붙여서 연주

사용된 코드

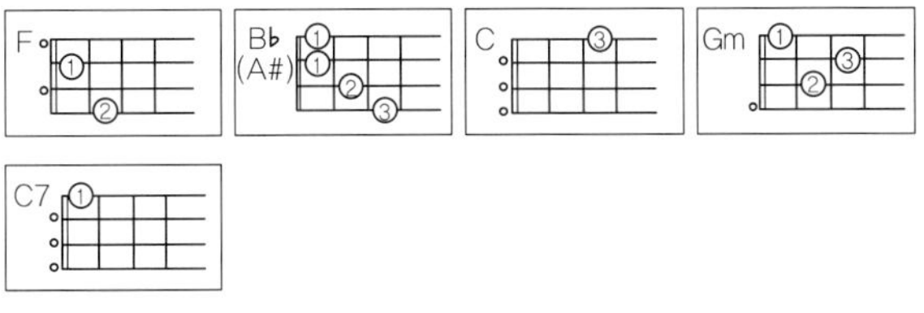

사용된 음표와 쉼표

♪ 8분음표 반박자
♩ 4분음표 1박자
𝅗𝅥 2분음표 2박자
𝅗𝅥. 점2분음표 3박자

▶ U_49

병원놀이

이 노랫말과 연상하여 무엇이 그려지나요?
지금 여기에서 내 삶의 일부분이 될 수 있기를… (내 마음의 정서는…?)

장민수 작사
강정옥 작곡

♮(제자리표): 임시표로 제자리를 친다.
* 이음줄: 부드럽게 이어서 연주

사용된 코드

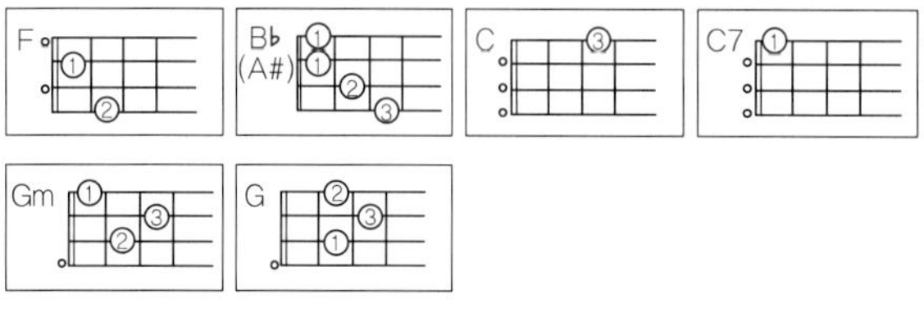

사용된 음표와 쉼표

- 16분음표 반의반박자
- 점8분음표 반박자반
- 4분음표 1박자
- 2분음표 2박자
- 4분쉼표 1박자 쉰다

▶▶ U_50

건너가는 길

이 노랫말과 연상하여 무엇이 그려지나요?
지금 여기에서 내 삶의 일부분이 될 수 있기를… (내 마음의 정서는…?)

김성균 작사
김성균 작곡

사용된 코드

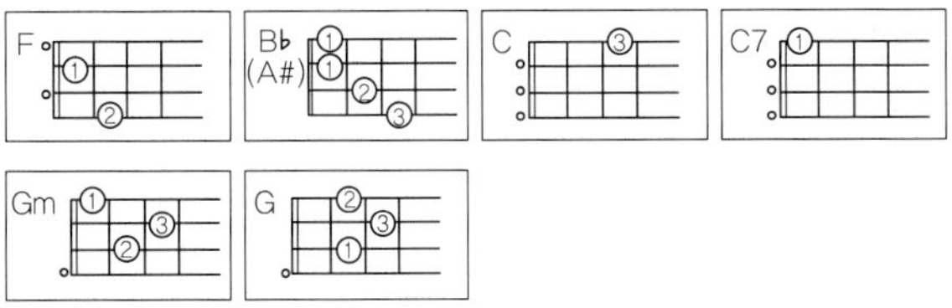

사용된 음표와 쉼표

- 16분음표 반의반박자
- 점8분음표 반박자반
- 4분음표 1박자
- 2분음표 2박자
- 점2분음표 3박자

▶U_51

참 좋은 말

이 노랫말과 연상하여 무엇이 그려지나요?
지금 여기에서 내 삶의 일부분이 될 수 있기를… (내 마음의 정서는…?)

김완기 작사
정지원 작곡

* 이음줄: 부드럽게 이어서 연주
** 붙임줄: 한 음처럼 붙여서 연주
*** *D.S.* al coda(달세뇨 올 코다): 𝄋(세뇨)로 돌아가서 𝄌(코다)와 𝄌(코다) 사이를 생략한다.

사용된 코드

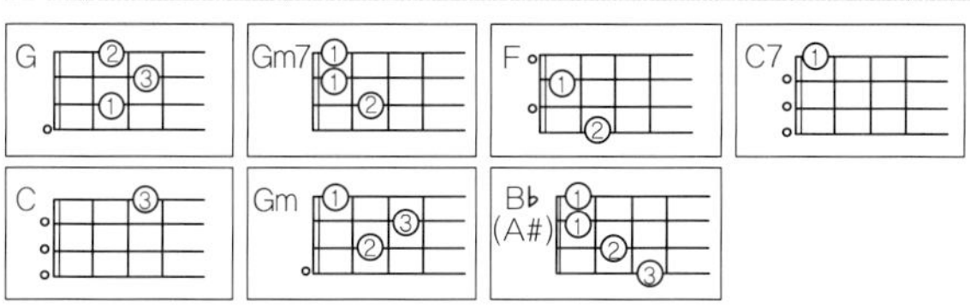

사용된 음표와 쉼표

- 16분음표 반의반박자
- 점8분음표 반박자반
- 4분음표 1박자
- 2분음표 2박자
- 점2분음표 3박자
- 온음표 4박자
- 8분쉼표 반박자 쉰다
- 점8분쉼표 반박자반 쉰다
- 4분쉼표 1박자 쉰다

▶ U_52

식사기도

이 노랫말과 연상하여 무엇이 그려지나요?
지금 여기에서 내 삶의 일부분이 될 수 있기를… (내 마음의 정서는…?)

나까다 우고 작사
아론 윌리엄스 작곡

* 이음줄: 부드럽게 이어서 연주

사용된 코드

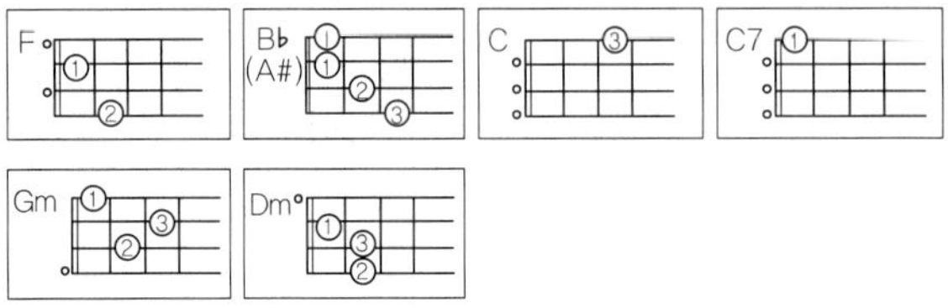

사용된 음표와 쉼표

♪ 8분음표 반박자
♩ 4분음표 1박자
𝅗𝅥. 점2분음표 3박자
𝄽 4분쉼표 1박자 쉰다

▶▶ U_53

졸업노래

이 노랫말과 연상하여 무엇이 그려지나요?
지금 여기에서 내 삶의 일부분이 될 수 있기를… (내 마음의 정서는…?)

유경손 작사
나운영 작곡

사용된 코드

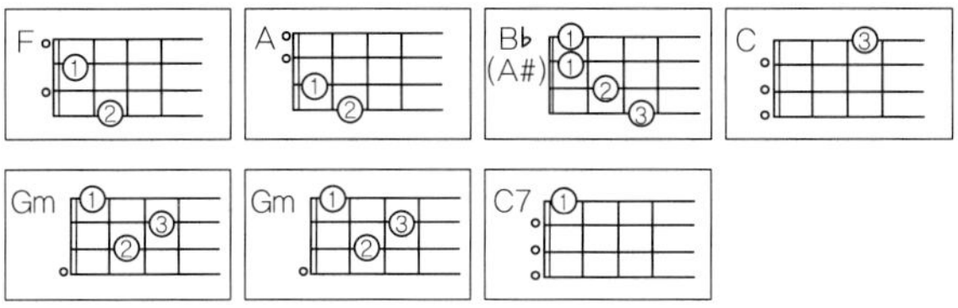

사용된 음표와 쉼표

- ♪ 8분음표 반박자
- ♩ 4분음표 1박자
- ♩. 점4분음표 1박자반
- 𝅗𝅥 2분음표 2박자
- 𝄽 4분쉼표 1박자 쉰다

▶▶ U_54

안마를 합시다

이 노랫말과 연상하여 무엇이 그려지나요?
지금 여기에서 내 삶의 일부분이 될 수 있기를… (내 마음의 정서는…?)

정근 작사
정근 작곡

사용된 코드

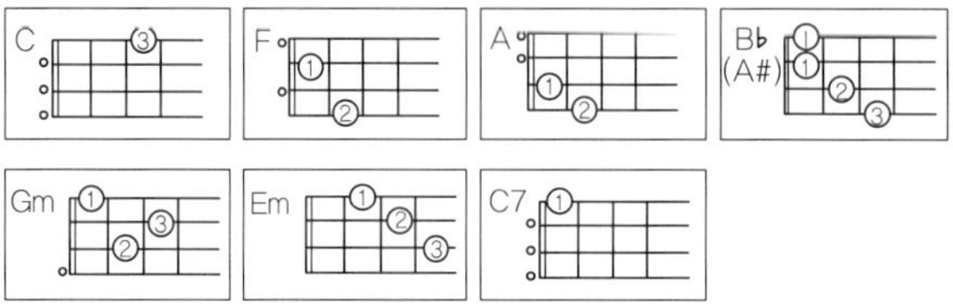

사용된 음표와 쉼표

♪ 8분음표 반박자
♩ 4분음표 1박자
♩. 점4분음표 1박자반
𝅗𝅥 2분음표 2박자
𝄾 8분쉼표 반박자 쉰다

▶▶U_55

솜 사 탕

이 노랫말과 연상하여 무엇이 그려지나요?
지금 여기에서 내 삶의 일부분이 될 수 있기를… (내 마음의 정서는…?)

정근 작사
이수인 작곡

* 당김음 리듬: 앞이 짧고 뒤가 긴 리듬 (ex〉 ♪♩)
** 이 두 곳은 쉼표에 의한 당김음으로 잘 연주하고 부를 수 있도록 한다.

사용된 코드

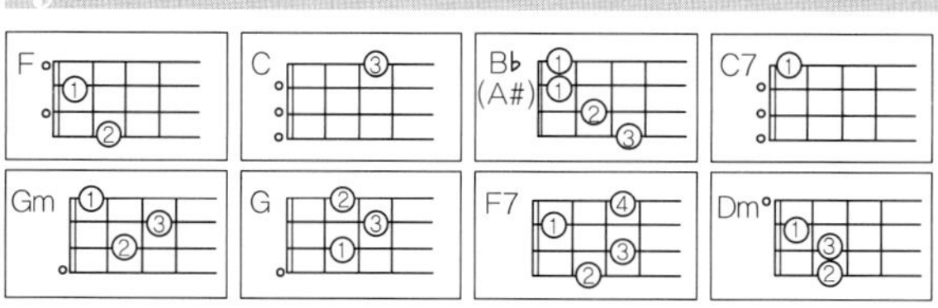

사용된 음표와 쉼표

- ♪ 8분음표 반박자
- ♩ 4분음표 1박자
- 𝅗𝅥 2분음표 2박자
- 𝅗𝅥. 점2분음표 3박자
- 𝄾 8분쉼표 반박자 쉰다
- 𝄽 4분쉼표 1박자 쉰다

▶ U_56

내가 제일 좋아하는 말

(95년 MBC 창작동요제 대상)

이 노랫말과 연상하여 무엇이 그려지나요?
지금 여기에서 내 삶의 일부분이 될 수 있기를… (내 마음의 정서는…?)

정하나 작사
정예경 작곡

* 쉼표에 의한 당김음 사용으로 반박자 쉬고 연주하고 노래 불러야 한다.
** 붙임줄 : 한 음처럼 붙여서 연주
*** 이음줄 : 부드럽게 이어서 연주

사용된 코드

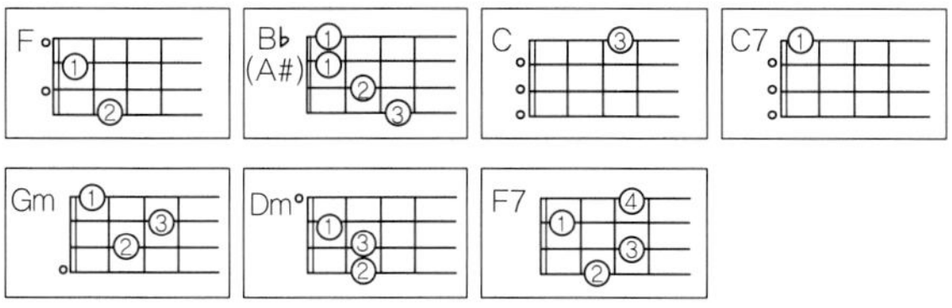

사용된 음표와 쉼표

- ♪ 8분음표 반박자
- ♩ 4분음표 1박자
- ♩. 점4분음표 1박자반
- 𝅗𝅥 2분음표 2박자
- 𝅗𝅥. 점2분음표 3박자

Ukulele와의 여정

G장조

G, C, D7, Em

G

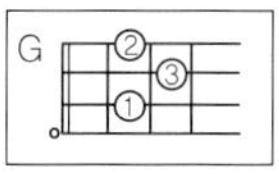

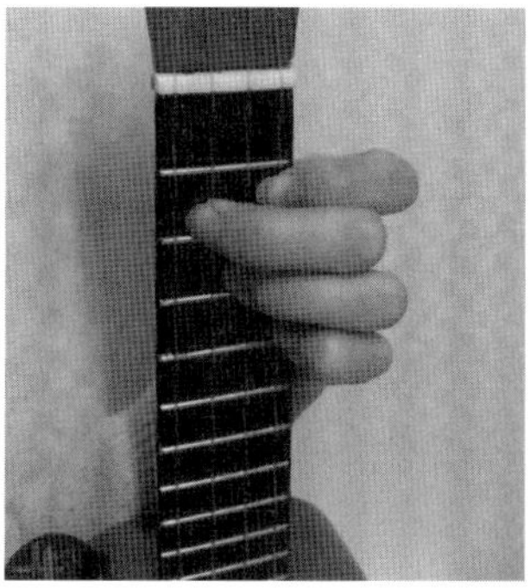

C

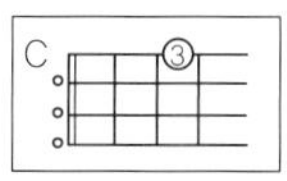

D7

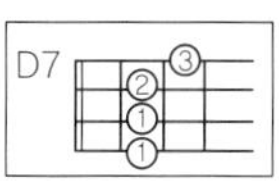

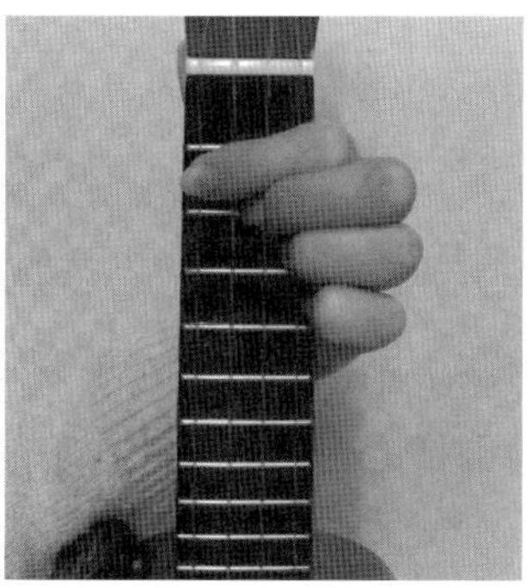

Em

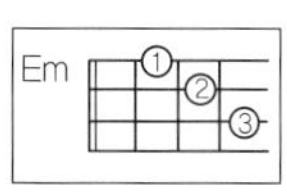

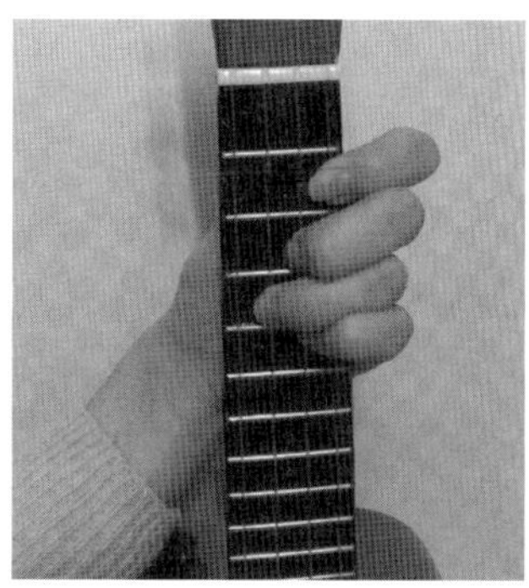

모델: 이인선

▶U_57

우리 모두 다 같이

이 노랫말과 연상하여 무엇이 그려지나요?
지금 여기에서 내 삶의 일부분이 될 수 있기를… (내 마음의 정서는…?)

외국 곡

사용된 코드

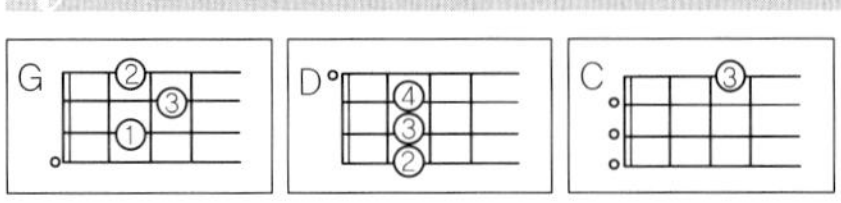

사용된 음표와 쉼표

♪ 16분음표 반의반박자 ♩ 4분음표 1박자
♪ 점8분음표 반박자반 ✕✕ 리듬만 치기(2박자)

▶ U_58

내 마음이 기쁘단다

이 노랫말과 연상하여 무엇이 그려지나요?
지금 여기에서 내 삶의 일부분이 될 수 있기를… (내 마음의 정서는…?)

김진영 작사
김진영 작곡

사용된 코드

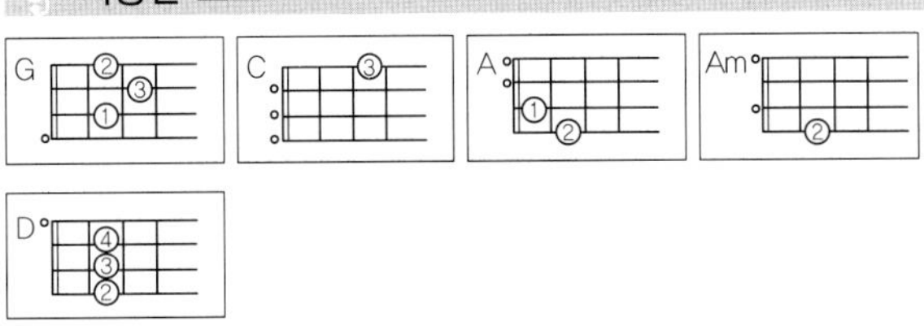

사용된 음표와 쉼표

- ♪ 8분음표 반박자
- ♩ 4분음표 1박자
- 𝅗𝅥 2분음표 2박자
- 𝅗𝅥. 점2분음표 3박자
- 𝄽 4분쉼표 1박자 쉰다

▶▶ U_59

생일 축하 노래

이 노랫말과 연상하여 무엇이 그려지나요?
지금 여기에서 내 삶의 일부분이 될 수 있기를… (내 마음의 정서는…?)

외국 곡

* 𝄐(페르마타) 늘임표 : 음을 2~3배 늘여서 연주

사용된 코드

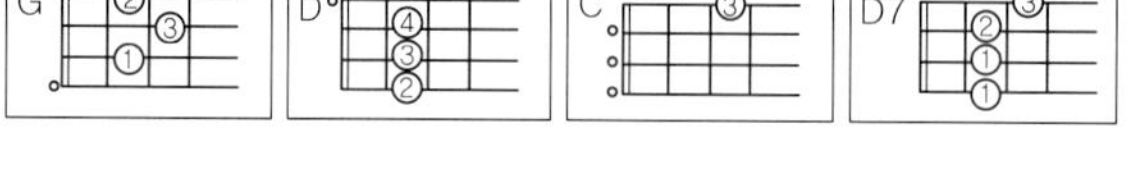

사용된 음표와 쉼표

- ♪ 8분음표 반박자
- ♩ 4분음표 1박자
- 𝅗𝅥 2분음표 2박자

▶▶ U_60

손님놀이

이 노랫말과 연상하여 무엇이 그려지나요?
지금 여기에서 내 삶의 일부분이 될 수 있기를… (내 마음의 정서는…?)

박경종 작사
정혜옥 작곡

* 당김음 리듬: 앞이 짧고 뒤가 긴 리듬
** 이음줄: 부드럽게 이어서 연주

사용된 코드

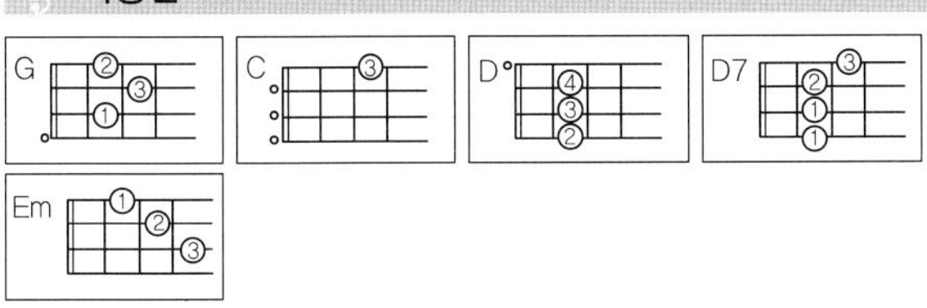

사용된 음표와 쉼표

- ♪ 8분음표 반박자
- ♩ 4분음표 1박자
- ♩. 점4분음표 1박자반
- 𝅗𝅥 2분음표 2박자
- 𝅗𝅥. 점2분음표 3박자
- 𝄾 8분쉼표 반박자 쉰다
- 𝄽 4분쉼표 1박자 쉰다

▶ U_61

기쁨 주는 생일

이 노랫말과 연상하여 무엇이 그려지나요?
지금 여기에서 내 삶의 일부분이 될 수 있기를… (내 마음의 정서는…?)

김진영 작사
김진영 작곡

* 붙임줄로 5박 동안 붙여서 노래하고 연주한다.

사용된 코드

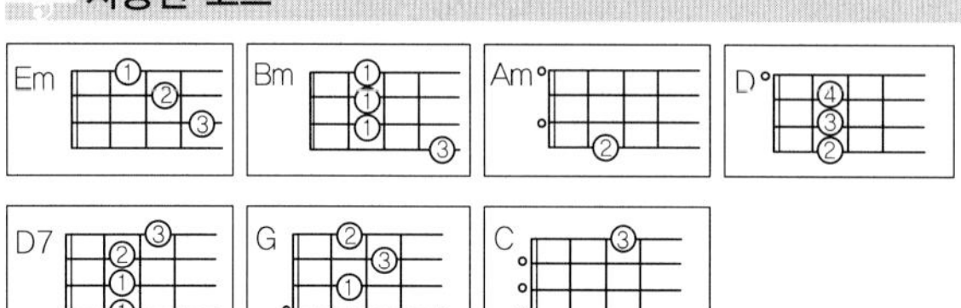

사용된 음표와 쉼표

- ♪ 8분음표 반박자
- ♩ 4분음표 1박자
- 2분음표 2박자
- 점2분음표 3박자
- 𝄽 4분쉼표 1박자 쉰다

▶ U_62

애 국 가

이 노랫말과 연상하여 무엇이 그려지나요?
지금 여기에서 내 삶의 일부분이 될 수 있기를… (내 마음의 정서는…?)

안익태 작곡

* 이음줄 : 부드럽게 이어서 연주

사용된 코드

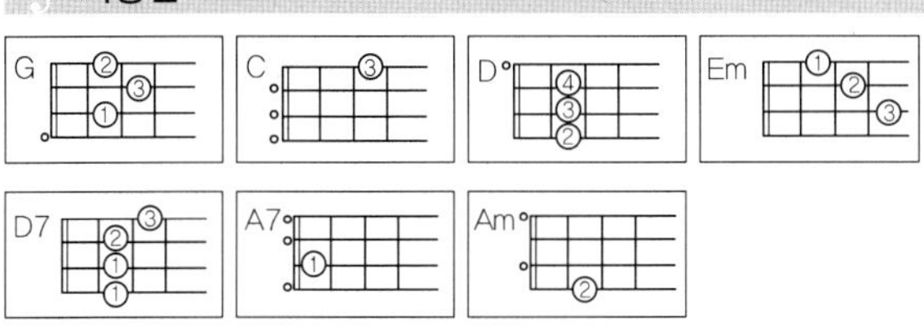

사용된 음표와 쉼표

- ♪ 8분음표 반박자
- ♩ 4분음표 1박자
- 점4분음표 1박자반
- 점2분음표 3박자

▶▶U_63

숲속 작은 집

이 노랫말과 연상하여 무엇이 그려지나요?
지금 여기에서 내 삶의 일부분이 될 수 있기를… (내 마음의 정서는…?)

이계석 편곡
외국 곡

(대사) 날 좀 살려 주세요 날 좀 살려 주세요 날 살려 주지 않으면 포수가 빵 쏜대요

사용된 코드

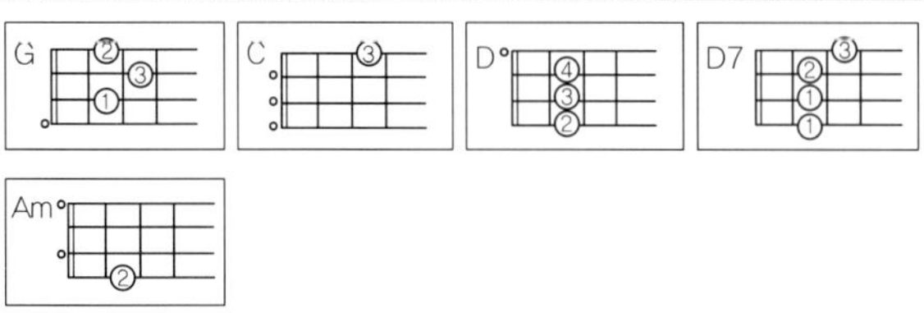

사용된 음표와 쉼표

- ♪ 8분음표 반박자
- ♩ 4분음표 1박자
- 2분음표 2박자
- 점2분음표 3박자
- 4분쉼표 1박자 쉰다

▶▶ U_64

하늘나라 동화

(91년 MBC 창작동요제 대상)

이 노랫말과 연상하여 무엇이 그려지나요?
지금 여기에서 내 삶의 일부분이 될 수 있기를… (내 마음의 정서는…?)

이강산 작사
이강산 작곡

* 붙임줄: 한 음처럼 붙여서 연주

사용된 코드

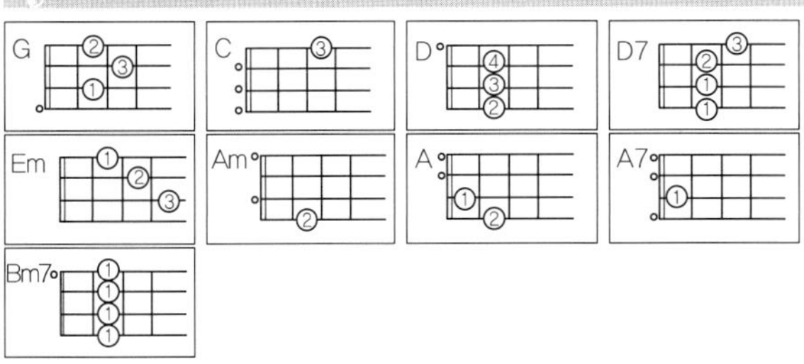

사용된 음표와 쉼표

- 16분음표 반의반박자
- 8분음표 반박자
- 4분음표 1박자
- 점4분음표 1박자반
- 8분쉼표 반박자 쉰다

U_65

스승의 은혜

이 노랫말과 연상하여 무엇이 그려지나요?
지금 여기에서 내 삶의 일부분이 될 수 있기를… (내 마음의 정서는…?)

강소천 작사
권길상 작곡

셋잇단음표 1박자

사용된 코드

사용된 음표와 쉼표

16분음표 반의반박자
8분음표 반박자
점8분음표 반박자반
4분음표 1박자
점4분음표 1박자반
2분음표 2박자
4분쉼표 1박자 쉰다

▶ U_66

예쁜 아기 곰

(95년 MBC 창작동요제 장려상, 인기상)

이 노랫말과 연상하여 무엇이 그려지나요?
지금 여기에서 내 삶의 일부분이 될 수 있기를… (내 마음의 정서는…?)

조원경 작사
조원경 작곡

* (셋잇단음표 기호) 셋잇단음표 = 𝅗𝅥(2박자)로 연주한다.

** (스타카토 기호) 스타카토 : 음을 $\frac{1}{2}$ 만큼 짧게 끊어서 연주한다.

사용된 코드

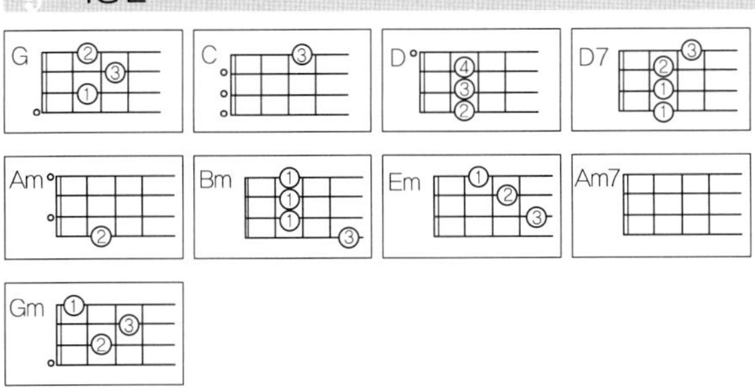

사용된 음표와 쉼표

- ♪ 8분음표 반박자
- ♩ 4분음표 1박자
- ♩. 점4분음표 1박자반
- 𝅗𝅥 2분음표 2박자
- 𝅗𝅥. 점2분음표 3박자
- 𝄾 8분쉼표 반박자 쉰다
- 𝄽 4분쉼표 1박자 쉰다

▶ U_67

이 슬

(88년 MBC 창작동요제 대상)

이 노랫말과 연상하여 무엇이 그려지나요?
지금 여기에서 내 삶의 일부분이 될 수 있기를… (내 마음의 정서는…?)

김동호 작사
김동호 작곡

*붙임줄 : 한 음처럼 붙여서 연주
** 쉼표에 의한 당김음 사용
*** 이음줄 : 부드럽게 이어서 연주
**** ♯(샾) : 임시표로 쓰여서 반음 올려 준다.

사용된 코드

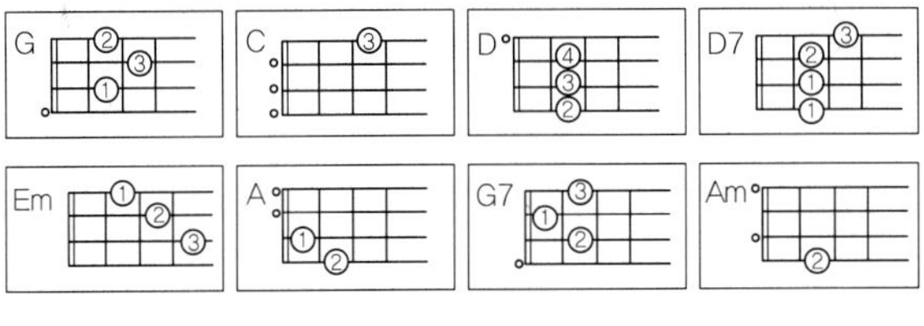

사용된 음표와 쉼표

♪ 16분음표 반의반박자
♪ 8분음표 반박자
♪. 점8분음표 반박자반
♩ 4분음표 1박자
♩. 점4분음표 1박자반
𝅗𝅥 2분음표 2박자
𝅗𝅥. 점2분음표 3박자
𝄾 8분쉼표 반박자 쉰다
𝄽 4분쉼표 1박자 쉰다

▶ U_68

기차를 타고

(89년 KBS 창작동요제 우수상)

이 노랫말과 연상하여 무엇이 그려지나요?
지금 여기에서 내 삶의 일부분이 될 수 있기를… (내 마음의 정서는…?)

김옥순 작사
김태호 작곡

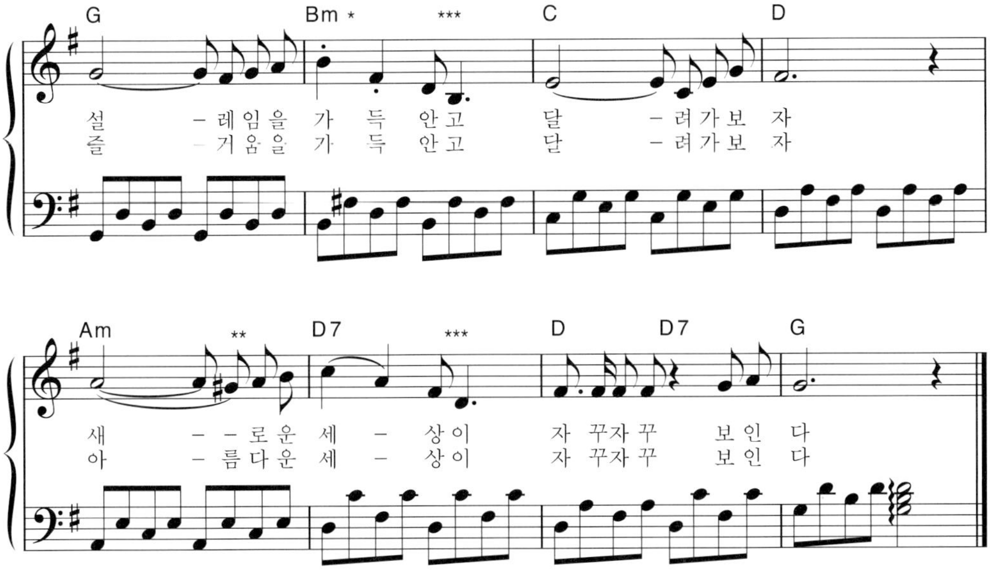

* 스타카토 : 1/2만큼 짧게 끊어서 연주
** ♯(샵) : 임시표로 쓰여서 반음 올려 준다.
*** 당김음 : 강박과 약박의 위치가 바뀐 당김음
**** 붙임줄 : 한 음처럼 붙여서 연주, 이음줄 : 부드럽게 이어서 연주

사용된 코드

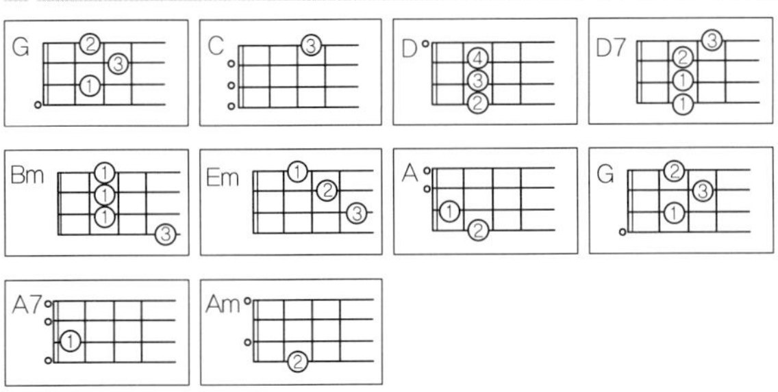

사용된 음표와 쉼표

- 𝅘𝅥𝅯 16분음표 반의반박자
- ♪ 8분음표 반박자
- ♪. 점8분음표 반박자반
- ♩ 4분음표 1박자
- ♩. 점4분음표 1박자반
- 𝅗𝅥 2분음표 2박자
- 𝅗𝅥. 점2분음표 3박자
- 𝄽 4분쉼표 1박자 쉰다

▶ U_69

화 가

(92년 MBC 창작동요제 은상)

이 노랫말과 연상하여 무엇이 그려지나요?
지금 여기에서 내 삶의 일부분이 될 수 있기를… (내 마음의 정서는…?)

이강산 작사
이강산 작곡

$\frac{6}{8}$ 박자에서는 ♪(8분음표)를 1박자로 본다.

* 붙임줄 : 한 음처럼 붙여서 연주

** ♯(샾) : 임시표로 쓰여서 반음 올려 준다.

사용된 코드

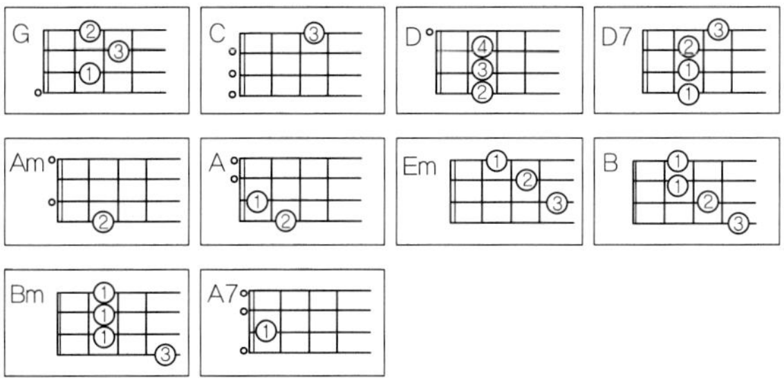

사용된 음표와 쉼표

- 𝅘𝅥𝅯 16분음표 반의반박자
- ♪ 8분음표 반박자
- ♪. 점8분음표 반박자반
- ♩ 4분음표 1박자
- ♩. 점4분음표 1박자반

Ukulele와의 여정

D장조 / 전래동요

D, G, A7

D

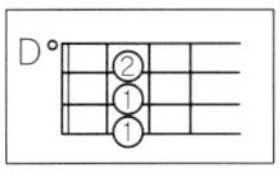

G

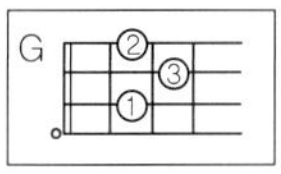

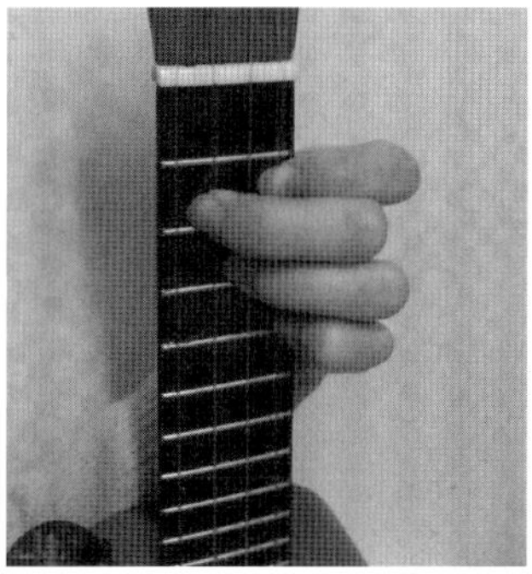

A7

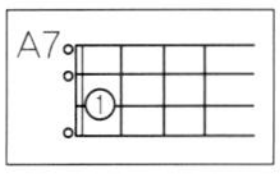

모델: 이인선

▶▶U_70

멋쟁이 토마토

이 노랫말과 연상하여 무엇이 그려지나요?
지금 여기에서 내 삶의 일부분이 될 수 있기를… (내 마음의 정서는…?)

김영광 작사
김영광 작곡

* 쉼표에 의한 당김음 사용

사용된 코드

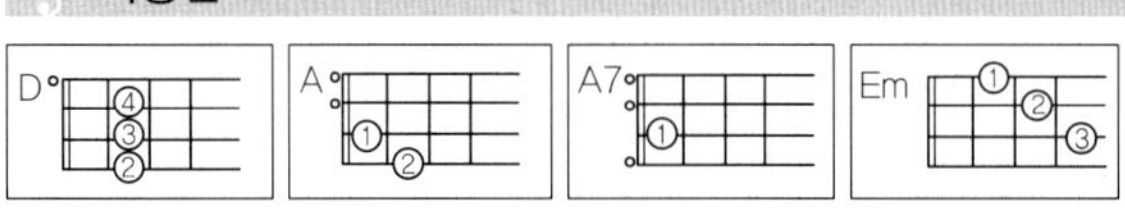

사용된 음표와 쉼표

- ♪ 8분음표 반박자
- ♩ 4분음표 1박자
- 𝅗𝅥. 점2분음표 3박자
- 𝄾 8분쉼표 반박자 쉰다
- 𝄽 4분쉼표 1박자 쉰다

▶▶U_71

우리들의 마음속엔

이 노랫말과 연상하여 무엇이 그려지나요?
지금 여기에서 내 삶의 일부분이 될 수 있기를… (내 마음의 정서는…?)

김진영 작사
김진영 작곡

* 붙임줄: 한 음처럼 붙여서 연주
** 이음줄: 부드럽게 이어서 연주

사용된 코드

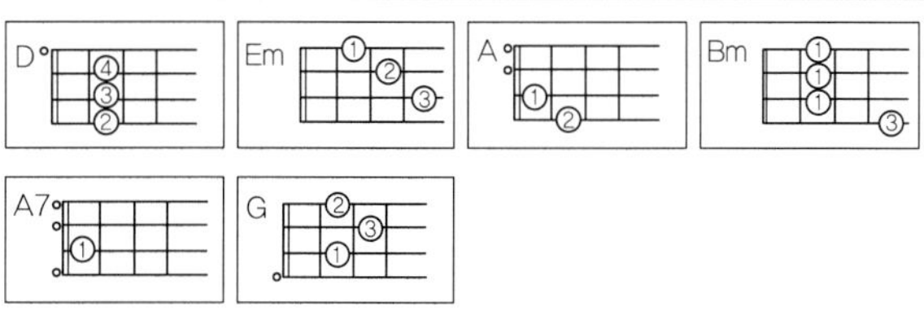

사용된 음표와 쉼표

♪ 8분음표 반박자
𝅗𝅥 2분음표 2박자
▬ 2분쉼표 2박자 쉰다

▶▶U_72

숫자풀이

이 노랫말과 연상하여 무엇이 그려지나요?
지금 여기에서 내 삶의 일부분이 될 수 있기를… (내 마음의 정서는…?)

전래동요

- 중부지방에서 많이 불려졌으나 전국적으로 불린다.
- 전통적이기보다는 1920년대 1930년의 신 동요에 해당되며 '놀이요'의 종류에 해당된다.
- 여러 아이들이 서로 마주 앉아 다리를 뻗어서 어긋나게 끼고 다같이 노래 부르면서 노래에 맞추어 차례로 두드리며 마지막 박자에 걸린 발을 거두어들이고 맨 마지막에 남은 발의 임자가 승리하게 되는 놀이로, '이거리 저거리 각거리' 노래와 같은 놀이이다.
- 긴 겨울밤, 함께 노래 부르고 게임처럼 벌칙을 주고받으면서 웃음꽃을 피우며 즐기는 놀이로 알려져 있다.
- 유아들과 반주에 맞추어 흥겹게 노래 불러보기도 하고 게임처럼 맨마지막으로 남은 친구가 승리자가 되어 놀이를 즐길 수 있는 기회도 제공할 수 있다.

♩= 72 메트롬 사용 시 1박자에 72 정도 빠르기로 사용
𝄆 𝄇(도돌이표): 다시 한 번 반복해서 연주한다.

사용된 코드

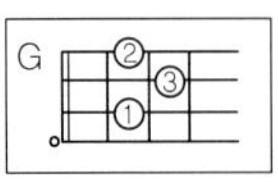

사용된 음표와 쉼표

𝅘𝅥𝅯 16분음표 반의반박자
♪ 8분음표 반박자
♩ 4분음표 1박자

▶▶U_73

가위바위보

이 노랫말과 연상하여 무엇이 그려지나요?
지금 여기에서 내 삶의 일부분이 될 수 있기를… (내 마음의 정서는…?)

전래동요

- 경기지방을 중심으로 중부지역 일대에서 불려지던 '놀이요'로, 두 어린이끼리 또는 할머니와 서로 마주 앉아 노랫말대로 동작을 취하면서 노래 부르는 전래동요이다.
- 가위바위보를 해서 이긴 사람이 진 사람의 뒷목에 다섯손가락 중 하나의 손가락을 꾹 눌러서 어떤 손가락으로 눌렀는지 알아맞히는 게임으로 연결된다.
- 손가락의 명칭과 소근육운동 등 게임의 묘미를 느낄 수 있는 전래동요이며, 놀이로 연결될 수 있어 요즘도 많이 불리고 있다.

♩ = 72 메트롬 사용 시 1분에 ♩(4분음표)를 72 정도의 빠르기로 노래 부른다.

사용된 코드

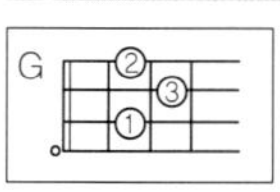

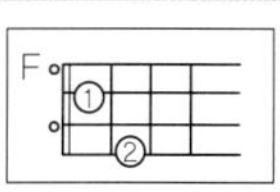

사용된 음표와 쉼표

♪ 8분음표 반박자
♩ 4분음표 1박자
𝅗𝅥 2분음표 2박자
𝄽 4분쉼표 1박자 쉰다

▶ U_74

두 꺼 비

이 노랫말과 연상하여 무엇이 그려지나요?
지금 여기에서 내 삶의 일부분이 될 수 있기를… (내 마음의 정서는…?)

전래동요

- 경기지방을 중심으로 전국적으로 퍼져 있는 동요로, 모래밭에서 모래장난을 하면서 노래하는 놀이로, '동물요'라고 불린다.
- 해변가 모래밭에서 왼손을 파묻고 오른손으로 모래를 끌어모아 올리면서 그 위를 두드리며 이 노래를 부른다.
- 노래가 끝나거나 왼손 위의 모래가 튼튼해졌다고 판단되면 왼손을 살그머니 모래에서 빼면 모래집이 지어지기도 하고 무너지기도 하는데 모래집이 지어졌을 때의 흐뭇함을 느낄 수 있다.
- 모래놀이를 통해서 조절능력과 소근육·대근육활동을 할 수 있는 기회를 제공할 수 있다.

Moderato(보통빠르기)로 노래 부른다.

사용된 코드

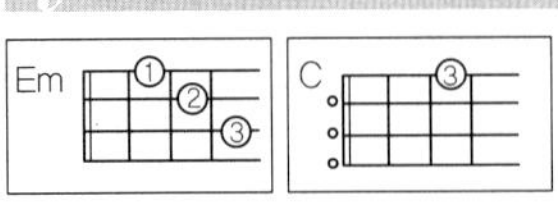

사용된 음표와 쉼표

♪ 8분음표 반박자
♩ 4분음표 1박자

▶▶U_75

대문놀이

이 노랫말과 연상하여 무엇이 그려지나요?
지금 여기에서 내 삶의 일부분이 될 수 있기를… (내 마음의 정서는…?)

전래동요

전라도 지방이 중심이나 전국적으로 퍼져 있고 손으로 만든 문을 통과하면서 잡힐까 봐 조마조마하는 '놀이요'이다.

이 전래동요는 어린이들을 두 편으로 나눌 때 부르기도 하고 술래를 뽑을 때 부르기도 하며 제일 마지막까지 잡히지 않은 어린이를 술래 또는 임금님으로 뽑기도 하며 자기 지역의 지명을 대신 넣어 부르게 함으로써 지명을 익히는 데 효과적인 놀이전래동요이다.

♩. = 90-95 메트롬 ♩.(점4분음표)를 1분에 90-95 빠르기 정도로 연주한다.
𝄆 𝄇(도돌이표): 다시 한 번 반복해서 연주한다.

사용된 코드

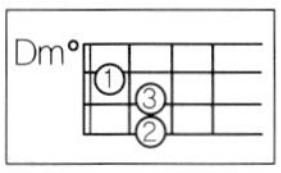

사용된 음표와 쉼표

♪ 8분음표 반박자
♩. 점4분음표 1박자반
♩ 4분음표 1박자
𝄾 8분쉼표 반박자 쉰다

▶ U_76

맹 꽁

이 노랫말과 연상하여 무엇이 그려지나요?
지금 여기에서 내 삶의 일부분이 될 수 있기를… (내 마음의 정서는…?)

전래동요

- 맹꽁이 소리를 흉내 내면서 부르는 노래로 유아들을 두 편으로 나누어 서로 묻고 대답하는 형식이다.
- 노랫말처럼 언어를 주된 수단으로 하며 반대말 어휘를 넣어서 노래할 수 있어 어휘발달을 도울 수 있다.

사용된 코드

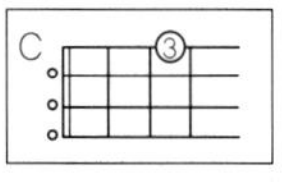

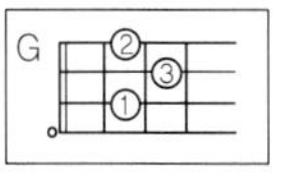

사용된 음표와 쉼표

♪ 8분음표 반박자
♩ 4분음표 1박자

▶▶ U_77

앞니 빠진 중강새

이 노랫말과 연상하여 무엇이 그려지나요?
지금 여기에서 내 삶의 일부분이 될 수 있기를… (내 마음의 정서는…?)

전래동요

- 경기도 지방에서 불린 전래동요이다. 앞니가 빠진 어린이를 놀리면서 부르는 노래로 서정적이므로 '서정요'라고 한다.
- 대개는 어린이를 놀려대는 동요이고, 놀림받은 어린이가 앞니를 보이지 않으려고 억지로 입을 다물고 있고, 친구들은 웃기게 하려고 노력하는 모습이 장난스럽고 귀엽다. 단, 너무 오래 부르면서 놀리면 앞니 빠진 아이들이 울 수 있으므로 조심해야 한다.

♩. = 85-95 메트롬 1분에 ♩.(점4분음표)를 85-95 정도의 빠르기로 연주한다.
$\frac{6}{8}$(8분의 6박자)이므로 ♪(8분음표)를 1박자로 연주한다.

사용된 코드

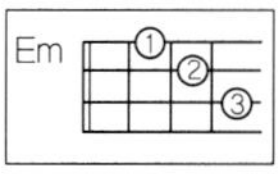

사용된 음표와 쉼표

♪ 8분음표 반박자
♩ 4분음표 1박자
𝄾 8분쉼표 반박자 쉰다

▶ U_78

남생아 놀아라

이 노랫말과 연상하여 무엇이 그려지나요?
지금 여기에서 내 삶의 일부분이 될 수 있기를… (내 마음의 정서는…?)

전래동요

남생이는 거북이와 비슷하게 생긴 짐승으로, 노랫말이 쉬우므로 돌림노래로 불러 보도록 한다.

$\frac{6}{8}$(8분의 6박자)이므로 ♪(8분음표)를 1박자로 부르는데, 이 곡은 빠른 계통의 노래이므로 ♩.(점4분음표)를 1박자로 연주한다.

사용된 코드

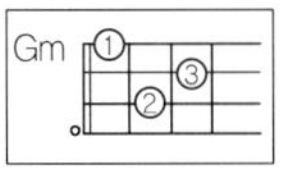

사용된 음표와 쉼표

- ♪ 8분음표 반의반박자
- ♩ 4분음표 반박자반
- ♩. 점4분음표 1박자

▶▶ U_79

둥개 둥개 둥개야

이 노랫말과 연상하여 무엇이 그려지나요?
지금 여기에서 내 삶의 일부분이 될 수 있기를… (내 마음의 정서는…?)

전래동요

경기도, 충정도를 비롯하여 전국에 퍼져 있는 노래로, 어린 애기를 상하로 추스르거나 또는 토닥토닥 두드려 주면서 부르는 노래로, '애무요(愛撫謠)'라 한다.

애기가 귀여워서 동물의 애칭을 붙여가며 노래하는 옛날 할아버지, 할머니의 넉넉한 웃는 모습이 연상되며 자장가의 느낌이 이어지는 전래동요이다.

♩. = 80-96 메트롬 1분에 ♩.(점4분음표)를 80-96 빠르기로 연주한다.

$\frac{6}{8}$(8분의 6박자)이므로 ♪(8분음표)를 1박자로 연주한다.

사용된 코드

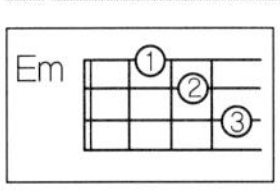

사용된 음표와 쉼표

♪ 8분음표 1박자

♩ 4분음표 2박자

𝄾 8분쉼표 1박자 쉰다

우쿨렐레와 함께한 여정 되돌아보기

작은 음악회를 보내며…

격려의 한 마디

김지나의 연주는…
웃으며 연주하는 모습이 보기 좋았다.
침착하게, 한 코드를 정성껏 잡는 게 좋았다.
처음이라 떨리지만 **첫 시작을 멋지게** 열어주어서 고마워요!

임민섭의 연주는
노래의 처음과 마지막을 잘 살렸다.
새로운 주법과 코드 잡는 손 모양이 좋았다.
우크렐레 대세남, 멋져요*

김예은의 연주는…
자신이 좋아하는 곡을 외워서 한 모습이 좋았다.
발랄하고, 새로운 곡을 준비한 것이 신선하고 재미있었다.
작은 음악회를 **가장 즐겼던** 그녀…♡

이희원의 연주는
겨울이 온 것 같고, 크리스마스가 생각나는 노래.
코드변환이 부드럽다.
듣는 사람을 신나게 해주는 연주, **고마워요**…!

소정아의 연주는
우리의 삶을 이야기 하는 노래.
잔잔함과 경쾌함을 주법을 바꿔가며 나타내서 좋았다.
목소리가 좋고, 집중하게 된 공연이었다.
감성을 **울리는** 연주, 멋져요!

이인선의 연주는…
여러 주법으로 연주하는 것이 아름다움.
바람이 불어오는 곳에서 기다리고 있을 거 같다.
감성적이고, 빠져드는 연주
한 마디로 **대박**…!

황성희의 연주는…
모두가 즐겁게 춤출 수 있는 귀여운 연주.
안정적이고, 즐기는 모습이 보기 좋았다.
떨림도 즐기는 모습이 아름다워요…*

김다예, 배송현의 연주는
아이유 같았다.
환상의 하모니와 듀엣연주 Good!
용기 내서 **차근차근 연주**하는 모습이 예뻤어요*

우크렐레로 하나되는 시간♡

언젠가, 현장에서 유아들과 즐겁게 노래하고 있을 우리들의 모습을 기대하며…

2014.11.05 이인선, 소정아 씀.

우쿨렐레와의 소소하지만 따뜻했던 여정 되돌아보기

■ MEMO ■

MEMO

참고문헌 및 관련 Internet site

구희영 편저(1996). 유치원동요 반주곡집. 서울: 삼호뮤직.

권종애 · 윤정원(2008). 유아동요반주곡집. 서울: 창지사.

김금헌(2010). 최신 우쿨렐레 교본. 서울: 디자인기타.

김 성 · 김금순 외(2003). 재미있고 신나는 리듬과 율동. 서울: 양서원.

김성균(1999). 김성균동요곡 제 1, 2집. 서울: 국민서관.

김소향 외(2006). 발달에 적합한 유아노래지도 프로그램. 서울: 양서원.

김영연(1996). 유아음악교육론. 서울: 학지사.

김영연 · 김광자(2001). 유아교사를 위한 반주법의 이론과 실제. 서울: 학지사.

김영희 외(1997). 유아를 위한 리듬과 율동. 서울: 양서원.

김윤배(2005). 강의 교본.

김혜숙(2004). 주제별 유치원 동요반주곡집. 서울: 창지사.

남궁련(1990). 우쿨렐레 교본. 서울: 다라.

삼호출판사 편집부(2005). 애창동요 250곡 집. 서울: 삼호출판사.

새세대육영회(1986). 새 세대 전래동요집 활용지침서. 서울: 새세대육영회.

서울여자대학교(2006). 유치원교육과정 개정방안 세미나 자료. 서울: 양서원.

세광출판사 편집부(1983). 동요애창500곡. 서울: 세광출판사.

송주승 · 주영은(1997). 유치원교사를 위한 음악이론과 반주법. 서울: 교육과학사.

신대현(2013). 한국 우쿨렐레 교육협회 자료.

신인숙(2002). 유아교육기관에서의 음악이론과 반주법. 서울: 양서원.

예성출판사 편집부(1999). MBC 창작 동요제 10주년 기념 모음집. 서울: 예성출판사.

육순진 외(2002). 유아아동음악교육. 서울: 양서원.

윤정원 · 권종애 · 이영숙(2010). 피아노 반주 테크닉. 서울: 창지사.

이관섭 편저(1993). 유아음악교육. 서울: 양서원.

이수인 편(1984). 유치원노래350곡집. 서울: 세광출판사.

이순형 외(2006). 보육과정. 서울: 학지사.

전남련(2002). 유아와 함께하는 손유희 모음집. 서울: 정민사.

주니어 악전교실(2005). **엘리트뮤직스쿨 교재연구회 편**. 서울: 현대음악출판사.

한국어린이육영회(2000). **음률활동 자료집(악보편)**. 서울: 한국어린이육영회.

황성욱(2012). 우쿨렐레 악기찬양선교회 강의 교본.

황철익 편저(1984). **실용반주법**. 서울: 세광출판사.

George A. Wedge 저 최병철 역(1995). *Keyboard harmony*. 서울: 수문당.

Jim Beloff(1994). *Jumpin' Jim's ukulele*. Hal Leonard corp.

※ 제10장 다양한 주법 익히기는 **황성욱 우쿨렐레 악기찬양선교회 강의 교본**에서 백석대학교 유아교육과 기악레슨 수업 시 활용한 내용을 중심으로 발췌하여 편집하였음.

우쿨렐레 속 행복	http://cafe.naver.com/ukulelehappy
우쿨렐레 연주가 장폴	http://blog.naver.com/janginho
'우쿨렐레 피크닉'	공식홈페이지 http://cafe.naver.com/ukulelepicnic ('우쿨렐레 피크닉'은 우쿨렐레 밴드 가수입니다.)
우쿨렐레 헌터	http://ukulelehunt.com
한국우쿨렐레교사협의회	www.kuta.kr
한국우쿨렐레교육원	www.ukuleleacademy.co.kr (레슨, 동영상, 악기 선택)

저자 소개

권 종 애

'피아노와의 만남',
'음악과의 만남' 집필

건국대학교 일반대학원 교육학 석사
서울여자대학교 일반대학원 아동학 박사 수료
현재 백석대학교 사범학부 유아교육과 겸임 교수

김 신 영

'우쿨렐레와의 만남' 집필

이화여자대학교 사범대학교 유아교육학과 학사
이화여자대학교 교육대학원 유아교육전공 교육학 석사
이화여자대학교 대학원 유아교육전공 교육학 박사
현재 백석대학교 사범학부 유아교육과 교수

유아교사를 위한

음악 레슨

Piano & Ukulele의 만남

초판 1쇄 인쇄 2015년 2월 20일
초판 1쇄 발행 2015년 2월 25일

지 은 이 | 권종애 · 김신영
펴 낸 이 | 김기섭
책임편집 | 이지혜
펴 낸 곳 | 창지사 www.changjisa.com
153-802 서울시 금천구 가산디지털 1로 83 파트너스타워 1차 9층
전화 (02) 719-2211~3
팩스 (02) 701-9386
등 록 | 1977년 4월 28일 · 제1-421호

ISBN 978-89-426-0812-6 (93370)

값 16,000원

이 도서의 국립중앙도서관 출판예정도서목록(CIP)은 서지정보유통지원시스템 홈페이지(http://seoji.nl.go.kr)와 국가자료공동목록시스템(http://www.nl.go.kr/kolisnet)에서 이용하실 수 있습니다.(CIP제어번호: 2015005985)